D1701444

ZAGATO MILANO (1919 - 2009)

GIORGIO NADA EDITORE

Giorgio Nada Editore Srl

Coordinamento editoriale
Leonardo Acerbi

Redazione
Diana Calarco

Art Director
Marella Rivolta Zagato

Sketches & Renderings
Norihiko Harada
Marco Pedracini

© 2009 Giorgio Nada Editore, Vimodrone (Milano)

Tutti i diritti riservati
All rights reserved. Apart from any fair dealing for the purpose of private study, research, criticism or review, no part of this publication may be reproduced, stored in a retrieval system, or transmitted, by any means, electronic, electrical, chemical, mechanical, optical photocopying, recording or otherwise, without prior written permission.
All enquiries should be addressed to the publisher:

Giorgio Nada Editore
Via Claudio Treves, 15/17
I – 20090 VIMODRONE MI
Tel. +39 02 27301126
Fax +39 02 27301454
E-mail: info@giorgionadaeditore.it
http://www.giorgionadaeditore.it

Allo stesso indirizzo può essere richiesto il catalogo di tutte le opere pubblicate dalla Casa Editrice.

The catalogue of Giorgio Nada Editore publications is available on request at the above address.

Distribuzione:
Giunti Editore Spa
via Bolognese 165
I – 50139 FIRENZE
www.giunti.it

Zagato Milano (1919-2009)
ISBN: 978-88-7911-487-5

Fotografie
Filippo Carrer
Dirk de Jager
Winston Goodfellow
Mathieu Hertault
Johann Lemercier
Joanne Marshall
Simone Falcetta

The "Scuderia Ferrari" logo on page 149 is a Registered Trademark of Ferrari S.p.A.

Testi
Andrea Zagato
Paolo Di Taranto

Il lungo rapporto di collaborazione, ma anche di amicizia e reciproca stima che lega Giorgio Nada Editore alla Zagato ha spinto la Casa Editrice ad accompagnare il celebre marchio di Milano anche in quest'ultima iniziativa editoriale, nata e realizzata interamente nell'ambito della Zagato stessa allo scopo di celebrare novant'anni di storia. Un traguardo importante che pone questo marchio fra i più longevi e di maggiore tradizione nella lunga e affascinante storia della carrozzeria e del design italiano.

The long-lasting collaboration and friendship which ties Giorgio Nada Editore and Zagato has propelled the editorial house to accompany the famous Milanese brand in this latest publishing adventure which was devised and created completely within Zagato's walls with the aim of celebrating its 90-year anniversary. This is surely an important milestone which places the company amongst the most long-lasting and traditional brands in Italian coachbuilding and design's extensive and fascinating history.

**Finito di stampare presso
Grafiche Flaminia - Foligno (PG)
nel mese di luglio 2009**

Sommario | Contents

04	Introduzione
06	Nati al Volante
10	Milano Città del Progetto
16	Anni Dieci Aeronautica
20	Anni Venti Auto da Corsa
30	Anni Trenta Auto Aerodinamiche
40	Anni Quaranta Auto Panoramiche
50	Anni Cinquanta Auto Gran Turismo
60	Anni Sessanta Auto Fuoriserie
70	Anni Settanta Auto Geometriche
80	Anni Ottanta CAD
90	Anni Novanta CAM
100	Anni Duemila Auto Neoclassiche
122	Anni Duemila Atelier Classic
128	90 Anni di Atelier
146	90 Anni di Corse
162	Collectibles

ZAGATO
MILANO

ZAGATO (1919 - 2009)

"Zagato è l'ultima e la sola testimonianza sopravvissuta dell'antica scuola carrozziera lombarda."
"Zagato is the last and sole surviving beacon of the old coach building school from Lombardy."

La città di Milano mantiene la fama di capitale economica d'Italia. Infatti, nel capoluogo ha sede il 73,6 % delle aziende registrate in provincia, mentre la provincia di Milano copre quasi un quinto del totale nazionale.

Milano, oltre ad essere la capitale economica e morale del Paese, può certamente essere definita anche come "Città del Progetto" e "Motore della Nazione".

Le aree settoriali di maggiore rilevanza sono quelle della Mobilità (per il movimento), dell'Illuminazione (per la luce), del Mobile (per lo spazio), dei Media (per la comunicazione), della Moda (per l'immagine) e della Musica (per il suono).

Filo conduttore che li accomuna è la progettualità, tratto distintivo del territorio milanese.

In un panorama economico sempre più globalizzato, in cui le strutture produttive si allontanano dal nostro territorio nazionale, il carattere della città è sempre più focalizzato sul design, sul nostro patrimonio di inventiva e di creatività.

L'Expo del 2015 costituisce un'occasione da non trascurare per ribadire e rafforzare il ruolo di leadership di Milano e dell'Italia nel settore del Design e dell'Innovazione.

Milan remains known as the economic capital of Italy. In fact 73.6% of companies from Lombardy is based and registered in the city of Milan, while the province of Milan hosts one fifth of the entire nation's companies.

So besides being the economic and moral capital of the country, Milan can surely be defined as the 'City of Projects' and 'The engine of the country.'

The industry sectors of most importance for the city are those of transportation (for movement), lighting (for light), furniture (for space), media (for communications), fashion (for brand image) and music (for sound).

The binding glue which links them all is Milan's entrepreneurial spirit, a typical trait of the city and its region.

In an ever increasing globalized economic reality where production sites are sent offshore, the city's focus is increasingly towards design and on our patrimony of ingenuity and creativity.

The upcoming 2015 World Expo presents Milan with an important opportunity to vindicate and strengthen its and Italy's role as a leader in design and innovation.

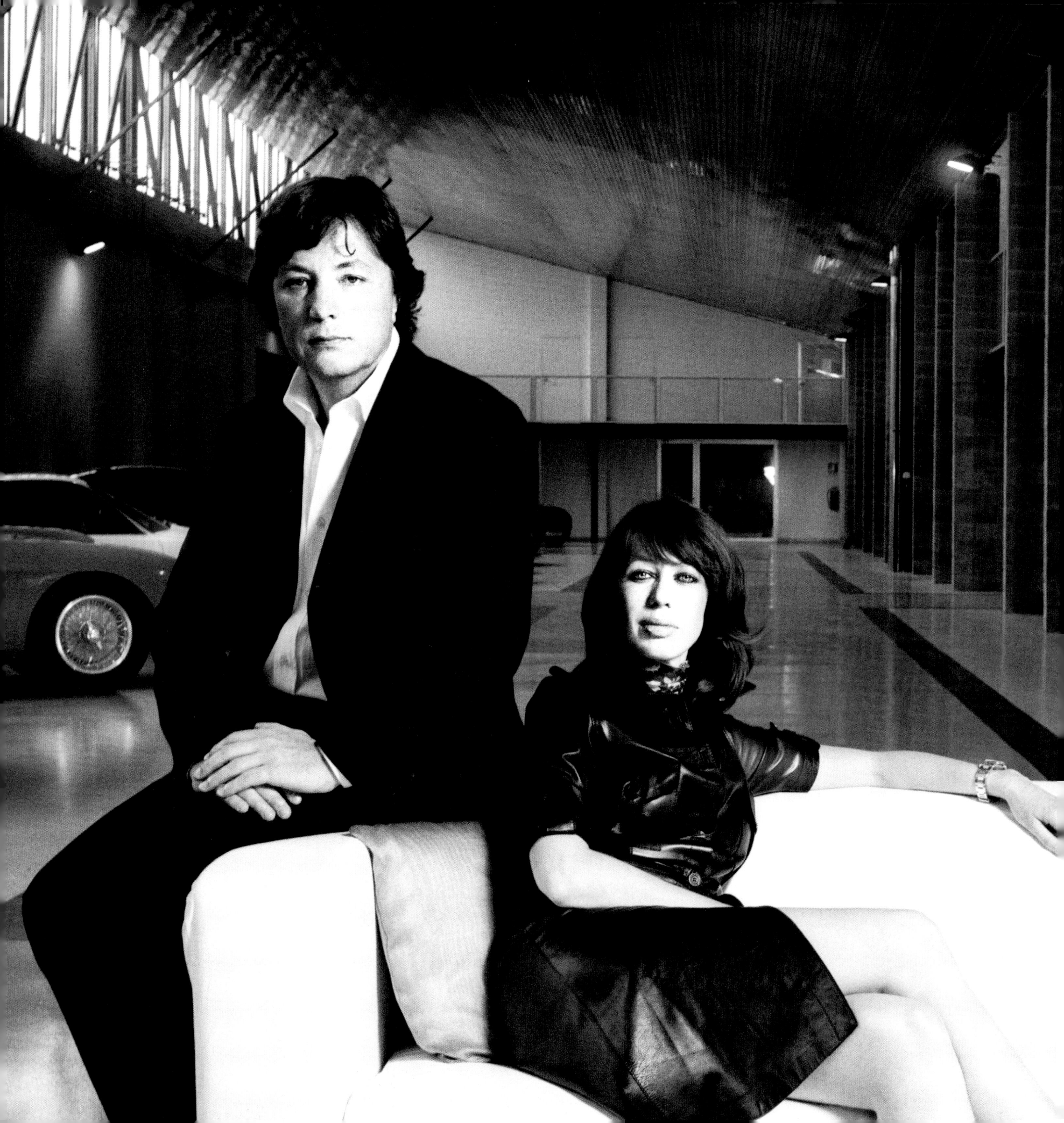

Nati al Volante

Andrea Zagato, nato a Milano il 26 aprile 1960, si laurea cum laude in Economia e Commercio presso l'Università Bocconi di Milano, discutendo una tesi sul "Design nella Produzione e nel Marketing delle autovetture". Esordisce con un training nell'azienda di famiglia, che disegna, ingegnerizza e assembla automobili. Si occupa inizialmente di comunicazione, poi di finanza e controllo, infine di contrattualistica e, dopo avere negoziato con Fiat Auto il nuovo accordo per le Alfa Romeo S.Z. e R.Z., diventa presidente di Z Progetti, società di modellazione CAD creata da due ingegneri, Maurizio Azzini, ex dirigente IBM, e Beppe Bizzarrini, figlio del progettista della Ferrari GTO. Parte così la sua "avventura" automobilistica con il primo progetto: la Lancia Hyena. Nel 1993 la società, rinominata SZ Design, inizia a lavorare con importanti Case costruttrici come Fiat, Lancia e Alfa Romeo, e ristabilisce i contatti con Lamborghini ed Aston Martin. Durante questo percorso di rapida crescita, fondamentale è stato per Andrea l'incontro con Marella Rivolta Barberi, nipote di Renzo Rivolta, fondatore dell'ISO Rivolta di Bresso, divenuta per Andrea non solo "socio d'affari" ma anche compagna di vita. Marella cresce in America, dove la famiglia si trasferisce alla fine degli anni '70. Si laurea a pieni voti in Marketing e Comunicazione all'University of Colorado di Boulder. Rientrata in Italia per fare esperienza fuori dalle aziende di famiglia, operative in Florida nel campo del real estate e della nautica, ed avendo studiato approfonditamente la storia dell'arte italiana, è affascinata dall'idea di realizzare progetti di design in Italia. Prima di approdare alla Zagato lavora a Milano come partner di un'agenzia di packaging e pubblicità. Conosciuto Andrea, Marella è conquistata dal sogno di far rivivere e sviluppare un marchio storico del Design e si determina a rivalutare l'immagine dell'azienda divenuta di famiglia, riacquistandone la sede storica ad Arese.

Andrea Zagato, born in Milan on the 26th of April 1960, graduated from Milan's Bocconi University with a first-class honours degree in Economics and Commerce submitting a thesis on "Design in the Production and Marketing of Automobiles". He began a training period in the family business, based on production of cars and their design and engineering. He initially worked in the field of communications then finance and control and lastly contract management. After having negotiated with Fiat over the new agreement for the Alfa Romeo S.Z. and R.Z., he became chairman of Z Progetti, a CAD modelling firm set up by two engineers, Maurizio Azzini, a former IBM manager, and Beppe Bizzarrini, son of the Ferrari GTO designer. Andrea Zagato's automotive 'adventure' thus began with his first project: the Lancia Hyena. In 1993 the company, renamed SZ Design, began working with car manufacturers, such as Fiat, Lancia, Alfa Romeo, and then re-established contacts with Lamborghini and Aston Martin. During this period of rapid growth, Andrea had a fundamental encounter with Marella Rivolta Barberi, niece of Renzo Rivolta, founder of ISO Rivolta of Bresso, who became not only his partner in business but in his personal life as well. Marella grew up in America, where her family moved at the end of the seventies. She received a first class degree in Marketing and Communications at the Colorado University of Boulder. Having returned to Italy in order to work outside of her family businesses located in Florida, which operated in the real estate and boat manufacturing industries, and having deeply studied Italian art history, Marella was mesmerized by the idea of realizing a project in the Italian Design sector. Before landing in Zagato, she worked in Milan and subsequently became a partner in a packaging and advertising agency. After having met Andrea, Marella was captivated by the idea of revitalizing and developing a historic brand of the design industry, a sector from which her family had a lot of heritage in. Both Andrea and Marella were determined to revive the image of the family firm, re-acquiring the historic Zagato premises at Arese.

"Nostro intento è stato quello di coniugare la storica esperienza d'officina, acquisita in tanti anni di lavoro dai nostri predecessori, con le moderne tecnologie per lo sviluppo e la progettazione", spiegano Andrea e Marella Zagato, "e presentarci come un Centrostile specializzato nel settore transportation e product design per tutte quelle aziende che operano sul territorio lombardo e per le aziende straniere che considerano l'Italia, e Milano, un punto di riferimento nel settore del design e dello stile.
La scelta è motivata fondamentalmente da due ragioni: la prima è legata alle origini, entrambe milanesi da quando nonno Ugo, nel 1919, e nonno Renzo, nel 1942, fondarono le loro aziende a Milano; la seconda deriva dal fatto che Milano, nonostante sia sede della Triennale, di molte scuole specializzate in design (in primis il Politecnico), di svariati studi d'architettura e design, nonché di quasi tutte le Case di moda e le agenzie di pubblicità, non poteva tuttavia esibire realtà dove la capacità di creare e progettare fosse implementata con quella di realizzare modelli e prototipi con abilità e competenze configurabili come 'moderno artigianato'."

"I valori che riteniamo importanti nella nostra attività si possono così riassumere:
- la possibilità di attingere ad un retroterra storico che appartiene al nome Zagato, marchio conosciuto ed apprezzato nel mondo;
- la capacità di mediare l'alta tecnologia della fase progettuale con l'artigianalità richiesta dalla prototipistica;
- l'opportunità di stimolare l'interesse dei giovani verso attività che richiedono manodopera altamente specializzata."
"I nostri punti di forza", continuano Andrea e Marella Zagato, "oltre alla storica esperienza, sono invece la dinamicità, la completezza del servizio, che consente di arrivare velocemente alla realizzazione del prodotto finito, l'alta tecnologia, l'ambiente giovane e la confidenzialità e riservatezza, che sono alla base del rapporto di fiducia che ci lega alla nostra clientela."

"It was our intention to match the depth of workshop experience, accumulated by our predecessors over many years, with modern design and development technology", explain Andrea and Marella Zagato, "and to present ourselves on the Milanese market as a Design Centre specialising in transportation and product design, for all those companies working in the Lombardy region and those foreign companies that regard Italy and Milan as a point of reference in the design and styling sector.
This strategy is motivated fundamentally by two factors: firstly it is clearly linked to both of our Milanese origins, since grandfather Ugo in 1919 and grandfather Renzo in 1942 founded their companies in Milan; secondly it derives from the fact that despite Milan being home to the Triennale, with numerous design schools (first and foremost the Polytechnic), architectural and design offices, fashion houses and advertising agencies, it has no counterpart where the ability to design and create objects matches its ability to develop models and prototypes with the skills and know-how definable as 'modern craftsmanship'."

"The values playing a significant role in our work can be summarized as follows:
- the opportunity to draw on the rich Zagato heritage, a brand enjoying world-wide recognition;
- the ability to reconcile the high technology of the design phase with the craftsmanship required by the construction of prototypes;
- the opportunity to kindle the interest of young people in activities requiring highly skilled labour.
Alongside our depth of experience, our strengths are the dynamism and comprehensiveness of the service we offer, permitting us to move swiftly into the creation of the finished product, the high technology at our disposal, the youthful environment and the confidentiality and discretion that underlie the relationship of mutual trust binding us to our clients."

NATI AL VOLANTE

"Ogni progetto è per noi un nuovo stimolo, dove le diverse competenze del ciclo produttivo, che viene curato internamente dall'idea iniziale fino al prodotto finale, vengono coordinate integrandosi vicendevolmente, al fine di ottenere un risultato unico e innovativo. Ciò è garantito da una struttura altamente flessibile in grado di fornire servizi specifici di qualità, con un unico comune obiettivo: la soddisfazione del cliente."

"I maggiori investimenti in questo decennio sono stati destinati all' acquisto dei sistemi tecnologici più evoluti e più idonei a supportare le varie attività: il sistema CAD per la modellazione e il progetto di dettaglio; il CAE per la verifica strutturale e funzionale; il sistema CAM per la fresatura a controllo numerico di modelli master. Questi strumenti sono utilizzati da uno staff specializzato di livello internazionale, che rappresenta l'ulteriore investimento sul quale abbiamo puntato. Il vantaggio per il cliente che si rivolge ad una realtà come la nostra", precisano inoltre Andrea e Marella Zagato, "è principalmente quello di avere un unico interlocutore che lo segue per l'intero processo di maturazione del progetto, che gli garantisca la necessaria flessibilità e l'assoluta confidenzialità, considerata oggi elemento necessario e imprescindibile nel nostro settore. Nell'ultimo anno la nostra struttura si è ulteriormente arricchita grazie alla sottoscrizione di un accordo industriale con un partner strategico indiano, che renderà globale nel mondo la presenza del marchio e dell'attività del centrostile."

"We regard each project as a new challenge in which the diverse phases of the in-house productive cycle, from the initial idea through to the end product, are fully co-ordinated, reciprocally integrating and enriching one another in order to obtain a unique, innovative result each time. All this is guaranteed by a highly flexible structure capable of providing specific, high quality services with a single common objective, that of satisfying the client."

"The most significant investments made over the last decade have concerned the acquisition of the most technology advanced and most suitable systems to support our various lines of business: the CAD system for modelling and details, the CAE system for structural and functional verification and the CAM system for the numerically controlled milling of master models. This equipment is used by international, specialized employees who represent the second area of investment on which we have concentrated. The advantage for a client turning to a company such as ours is principally that of having a single interlocutor who will follow the project from start to finish, while guaranteeing the necessary flexibility and the absolute confidentiality that is considered to be indispensable in our sector today. Over the last year, our set-up has been enhanced by the signing of a deal with a strategic Indian partner, which will catapult the brand and the activities of our design center to a global scale."

Milano

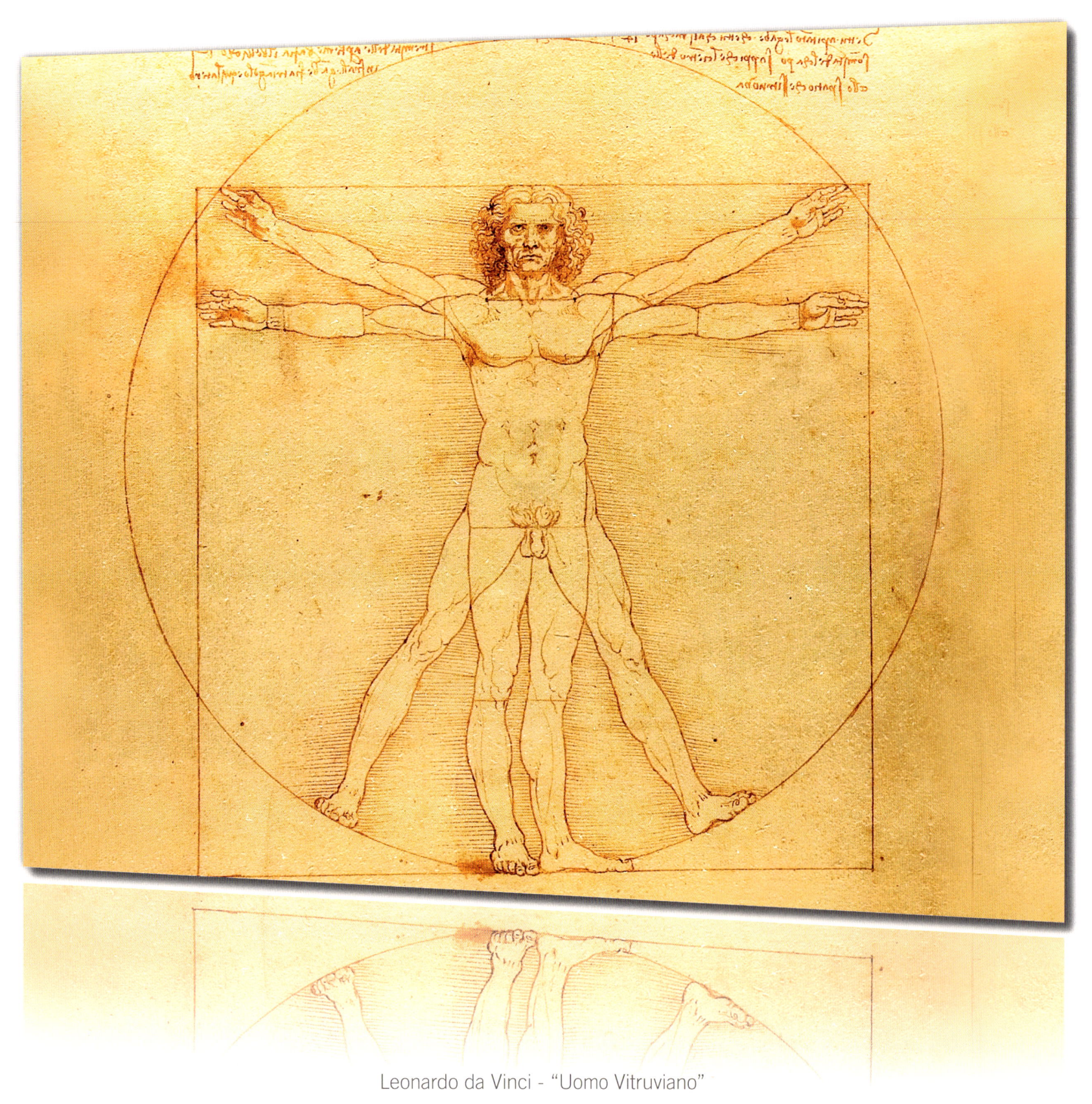

Leonardo da Vinci - "Uomo Vitruviano"

Città del Progetto

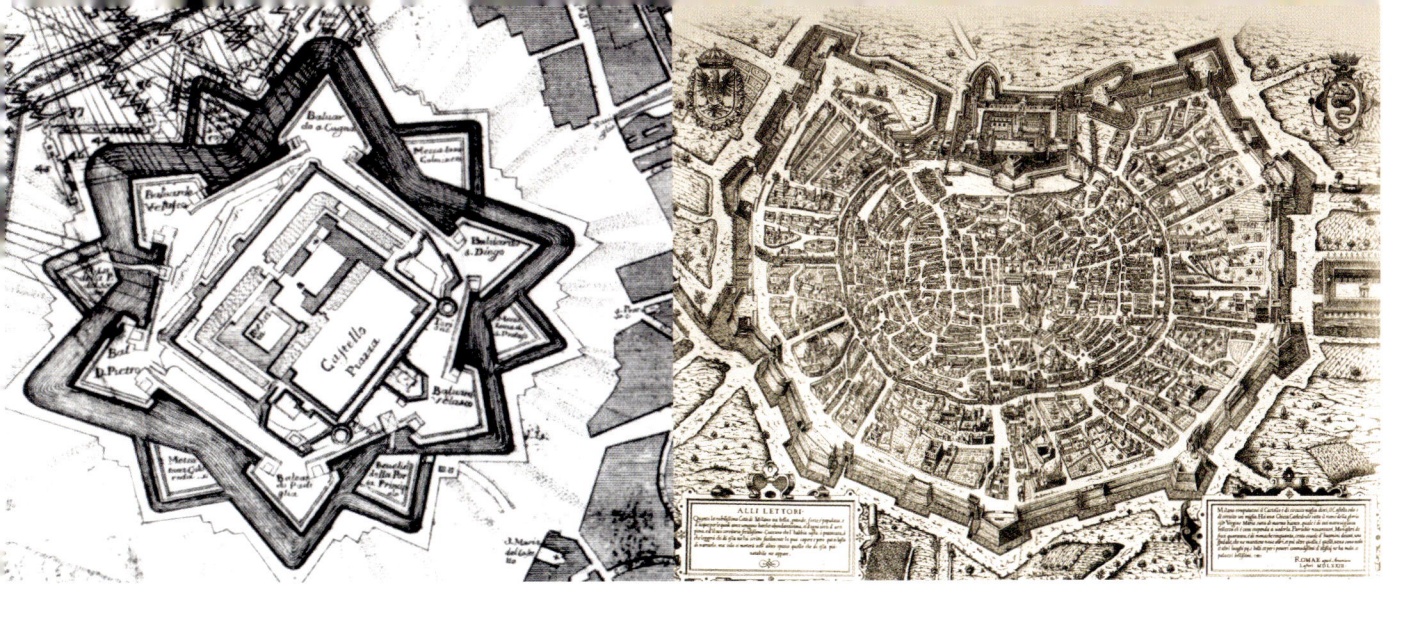

Milano è la città creativa della moda e del design, della grafica e della comunicazione, è la "Città del Progetto". Questa definizione è la chiave di lettura della città. Milano "Città del Progetto" trasferisce un'immagine permanente, persistente alla memoria e fertile all'immaginario, fruibile per diversi scopi. Dai tempi di Leonardo, cui è intitolato il Museo della Scienza e della Tecnica, Milano è città dei mille talenti, dei mille eventi e delle mille idee. L'Uomo Vitruviano di Leonardo da Vinci, che stende i suoi arti laddove gli è umanamente consentito, è come la città che si allunga, si stiracchia, con dita sottili e leggere, fatte non solo di cemento e asfalto, ma soprattutto di idee e progetti.

Milano

Milano, città pulsante e frenetica, è da sempre il crocevia di tutte le invenzioni e le idee che il mondo più ci riconosce. È stata città della nebbia, dei fumi delle fabbriche nate dall'applicazione delle invenzioni ed è oggi il migliore esempio italiano di riconversione nel terziario avanzato, città dell'origine ideativa e dei marchi.

Forma Stellare

La stella è una forma ricorrente a Milano. La si ritrova nella pianta del Castello Sforzesco e poi nella cerchia dei Navigli e nelle mura, ed è presente oggi nelle reti di trasporto urbano e nelle vie di accesso.

Milano Motore Stellare

Milano è il propulsore, la locomotiva d'Italia. Espressione della multiformità, del movimento, della convivenza di tecnica e poesia, di ingegno e sogno, è il motore trainante del Paese. L'ispirazione ideale e formale si rifà alla mirabolante impresa tecnica del milanese Alessandro Anzani, progettista del Motore Stellare.

Milan is the city of fashion and design, of graphics and communications. It's 'City of Projects'. This title is important in order to understand the true essence of the city. Milan 'City of Projects' conveys a permanent image, recalling past glories and inspiring those of the future. Since the times of Leonardo, whom the Museum of Technical Science has been named after, Milan has been the city of a thousand talents, events, and ideas. The Vitruvian Man by Leonardo da Vinci, who stretches his limbs as far out as humanly possible, characterizes Milan's expansion. A gentle expansion which is not only manifested in cement and asphalt but especially in ideas and projects.

Milan

Milan, a frenetic and beating city, has always been a place of crossroads where inventions and ideas met. It has gone from being the city of fog, of smoke coming out of factories producing the latest inventions, and today as a shining example of Italy's transition to the tertiary sector. A city where the power of creativity and brands is clearly evident.

The Star-Shaped City

The star-shaped layout is a recurring theme in Milan. You can find it the way the Sforzesco Castle was built, in the design of its famous canals, and nowadays in the city's transportation network and roads.

Milan, a Radial Engine

Milan is the driving force, the locomotive of Italy. A perfect expression of integration between engineering and poetry, or pragmatism and dreams. It is the engine of the country. Ingenious in every way just like the wonderful technical feat of the radial engine created by the Milanese inventor Alessandro Anzani.

MILANO

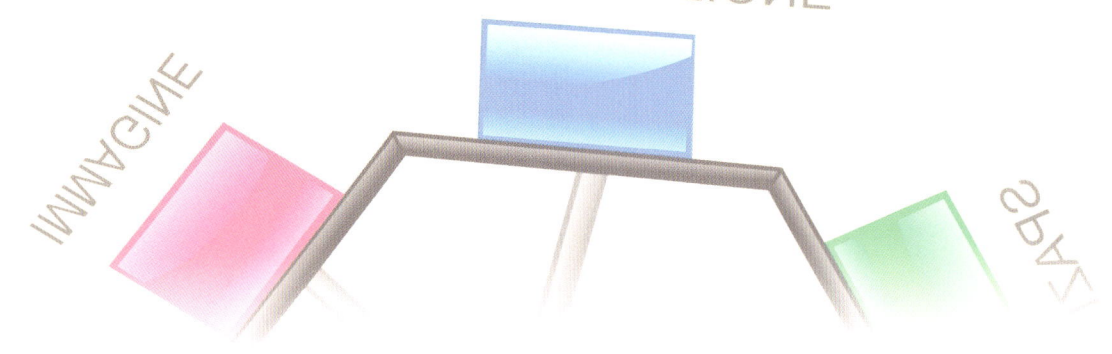

MOVIMENTO
LUCE
SPAZIO
COMUNICAZIONE
IMMAGINE
SUONO

Aree Progettuali

City of Design

Movimento - Mobilità. Mobility

ATM, Aermacchi, Alenia, AgustaWestland, Autobianchi, Alfa Romeo, Castagna, Caproni, Cinelli, E.Bugatti ed E.Ferrari, Gilera, Guzzi, Innocenti, Iso Rivolta, Isotta Fraschini, la Carrozza e il Tramvai, Legnano, MV Agusta, Monza Autodromo, Magneti Marelli, Pirelli, Sala, Tazio Nuvolari e la Mille Miglia, Touring, Zagato...

Luce - Illuminazione. Lighting

Arteluce, Artemide, BTicino, Cini&Nils, Candle, Castaldi, Flos, Disano, Erco, FontanaArte, Forcolini, Fornasetti, Foggini, Krea, Kundalini, Ilva, Nemo, Pali, Dalmine, Luceplan, LuciItalia, Menphis, Osram, Philips, Plana, Quattrifolio, Reggiani, Roset, Segno, Siemens, Valenti...

Spazio - Mobile. Forniture

Artflex, Azucena, B&B Italia, Bodum, Boffi, Busnelli, Caimi, Cappellini, Cassina, Cimbali, Citterio, De Padova, Desalto, Flexform, Flou, Giorgetti, Joint, Kartell, Knoll, Lualdi Porte, MDF, Molteni, Minotti, Poliform, Rexite, Richard Ginori, Rosenthal, Sagsa, Tecno, Tisettanta, Valli&Valli, Vortice, Zanotta...

Comunicazione - Media. Communications

Adelphi, Arnoldo Mondadori, Corriere della Sera, Editoriale Domus, Electa, Editoriale, Il Giornale, Feltrinelli, Fiera di Milano, Franco Angeli, Garzanti, Giuffrè, Hoepli, L'Archivolto, L'Espresso, Mediaset Longanesi, Libero, Peruzzo Editore, Rizzoli, Sperling & Kupfer...

Immagine - Moda. Fashion

Armani, A. Martini, Borsalino, Burani, CP Company, Chanel, Converse, Dolce & Gabbana, Ferré, Ferretti, Fiorucci, Franzi, Gucci, Hermès Italia, Krizia, Levis, Luxottica, Mila Schön, Montenapoleone, Moschino, Missoni, Prada, Trussardi, Valentino, Valextra, Versace...

Suono - Musica. Sound

BMG Ricordi, Bang&Olufsen Italia, Bontempi, Brionvega, Durium, La Scala di Milano, L'Isola, Mivar, Next, Nun Entertainement, Philips, Radio 105, Radio DeeJay, Radio Milano International, Radio Italia, Sony S4, Sugar, Sharp, Universal, Virgin Music Italy...

Milano città dello Sport

Nel 2009 Milano diventa capitale europea dello Sport. L'attività sportiva è uno dei fiori all'occhiello della città, rappresentata nel mondo da società dalla storia centenaria. A.C. Milan, Internazionale F.C. e il circuito di Monza sono solo alcune tra le più note icone sportive di una città che compete ad alti livelli in ogni disciplina.

Milan city of Sport

In 2009 Milan became the European capital of sports; sport is another proud trademark of the city, which is represented worldwide by teams founded in last century. The football clubs AC Milan, Inter Milan and the race track of Monza are just some of the most famous sporting icons of a city that competes at the highest levels in every discipline.

Milano

Milano Città del progetto mobilità

Milano non ha partecipato all'invenzione dell'automobile ma certamente è stata, ed è ancora, tra le capitali del motorismo e ancora di più della carrozzeria.

Milano Città dei Carrozzieri

Milanesi sono le prime e le più famose carrozzerie della storia. La carrozza, madre di tutte le automobili, è stata inventata a Milano alla fine del 1500.
Nel XVII secolo esistevano in Lombardia i più geniali carrozzieri e nella sola Milano si contavano oltre 2000 carrozze.
Con l'invenzione del motore a scoppio, avvenuta alla fine del XIX secolo, le carrozzerie lombarde riversano sul nuovo veicolo la loro esperienza. Ebanisti, lattonieri, fabbri, e tappezzieri costituiscono la loro forza lavoro.

I Primati di Milano

- A Milano, nel 1893, circola la prima automobile.
- A Milano si sviluppa il commercio automobilistico (1898).
- Da Milano parte la prima industria automobilistica lombarda: la Marchand (1895).
- Milanese è uno dei più celebrati costruttori di automobili: Ettore Bugatti (1909).
- Milano è la città della marca più ammirata al mondo: l'Alfa Romeo (1910).
- A Milano nasce la Scuderia Ferrari (1929), la Squadra Corse dell'Alfa Romeo.
- Milano è la città di Alessandro Anzani, inventore del motore stellare.
- Da Milano nasce l'idea della Mille Miglia e della categoria Gran Turismo.
- L'Autodromo di Monza (MI) è palcoscenico di un'irrepetibile leggenda sportiva.
- La Fiera di Milano è la sede dei Saloni dell'Auto italiani fino alla seconda guerra mondiale.
- Milano è la città della componentistica e degli accessori automobilistici.
- Milano è la città dell'auto elettrica e del tram. A Milano viene inventato il filobus.

Milan, City of Mobility

Milan did not take part in the invention of the automobile, however it had become, and still is today, one of the capitals of the motorism and of the coach building trade.

Milan, City of Coach Builders

The first and most famous coaches came from Milan. The coach, essential mother of all automobiles, was invented in Milan at the end of the 1500s. In the 17th century the most brilliant coachbuilders were located in Lombardy, and 2000 carriages were located in Milan alone. With the invention of the internal combustion engine towards the end of the 19th century, the coachbuilders of Lombardy started applying their talents towards dressing a new type of vehicle. Cabinet makers, panel beaters, blacksmiths and upholsterers were their workforce.

Milan's Milestones

- *In 1893 the first automobile starts circulating in Milan.*
- *In 1898 the automotive industry starts to develop itself in Milan.*
- *The first bit of automotive industry in Lombardy takes off from Milan with the creation of 'Marchand' (1895).*
- *One of the most revered automobile constructors of the time happens to be Milanese: Ettore Bugatti (1909).*
- *Milan is the hometown of one of the automotive sector's most loved brands: Alfa Romeo (1910).*
- *In 1929 the Scuderia Ferrari is created in Milan, which at the time was Alfa Romeo's racing team.*
- *Milan is the hometown of Alessandro Anzani, pioneering radial engine inventor and constructor.*
- *The idea of the Mille Miglia race and the concept of a Gran Turismo are all conceived in Milan.*
- *Monza (MI) becomes the legendary location of automotive racing history.*
- *The Milanese trade fair is the home of all Italian motor shows up until the start of the Second World War.*
- *Milan becomes an important centre for auto components and automotive accessories.*
- *Milan becomes the city of electric vehicles and of the tram, in fact the first trolleybus was invented in Milan.*

Il 18 giugno 1908 il francese Léon Delagrange compie il primo volo a motore nella storia della città di Milano. L'entusiasmo per tale iniziativa è talmente intenso da dare vita, da lì a poco, ad una serie interminabile di manifestazioni ed iniziative collaterali legate al nascente universo aeronautico. Il massiccio supporto del pubblico affermerà rapidamente il ruolo del capoluogo lombardo nel circuito internazionale delle esibizioni aeree, culminanti nell'inaugurazione della prima Mostra Italiana di Aviazione.

Nel 1909 nasce 'L'Aviatore Italiano', rivista promossa dell'editore milanese Sonzogo, e nel mese di settembre si dà il via al Grande Circuito Aereo della città di Milano.

L'anno si chiude con la sorvolata del Duomo del dirigibile 'F1 Città di Milano', mentre il Politecnico inaugura il primo corso libero di Aeronautica. In seguito a questo eccezionale evento, nasce a Milano il primo 'Annuario dell'Aeronautica', una pubblicazione ad opera del Touring Club Italiano che farà da riferimento, per diversi anni a venire, agli addetti ai lavori ed ai cultori del settore, sia italiani sia internazionali.

On the 18th of June 1908, Frenchman Léon Delagrange completed the first engine-powered flight in the history of Milan. The enthusiasm for such an event is so intense that it sparked an endless amount of collateral initiatives linked with the emerging world of aeronautics. The massive support and interest expressed by the public soon ensured that the capital of Lombardy established itself in the international airshow scene, with the pinnacle being the inauguration of the First Italian Airshow.

In 1909 'The Italian Aviator' is founded, a magazine managed by the Milanese editor Sonzogo, and in the month of September the Grand Aviation Club of the city of Milan sees its beginnings. The year concludes itself with a fly over of the Duomo by the 'F1 City of Milan' airship, while the Polytechnic launches its first degree in Aeronautics. Following these exceptional events, the first 'Aeronautic Yearbook' is published in Milan by the Italian Touring Club, which for the numerous years to come shall refer to all of those who are working towards building and cultivating the sector, whether Italian or International.

ANNI 10

Ansaldo Pomilio S.V.A. 5

Aeronautica

È noto l'episodio di Enzo Ferrari che chiese e ottenne dalla contessa Paolina Baracca il cavallino rampante in campo giallo che il figlio Francesco portava dipinto sul suo biplano Ansaldo B1. Che coincidenza: Ugo Zagato potrebbe essere stato il costruttore materiale di quell' aereo. Infatti, il giovane Zagato, esperto di metallurgia per via di un'esperienza in fonderia a Colonia, impara il mestiere di carrozziere e disegnatore alla Belli, e quando l'Italia entra in guerra, anziché al fronte, viene inviato dal comando militare a costruire aeroplani nelle Officine Pomilio, quinto dipartimento Ansaldo, dove si assemblano i biplani da combattimento Savoia Verduzio Ansaldo (SVA A3) e Savoia Pomilio C2. Una volta diventato dirigente, Ugo Zagato è responsabile della realizzazione del biplano SVA 5 con cui Gabriele D'Annunzio volerà su Vienna il 9 agosto 1918.

Nel secondo decennio del '900, la derivazione dell'automobile dai traini a cavallo era ancora evidente. Le rare vetture in circolazione avevano linee ingombranti, pesanti strutture di legno e si guidavano salendo a cassetta.

We know that Enzo Ferrari asked and received permission from countess Paolina Baracca to use the emblem with the prancing horse on a yellow background which her son Francesco had painted on his Ansaldo B1 Biplane. This was quite a coincidence, because Ugo Zagato could easily have been the builder of the same aircraft. Infact, young Zagato, an expert in metallurgy thanks to a professional experience in a foundry in Colonia, learned the coachbuilding and design trade at Belli. When Italy entered the Great War, instead of being sent to the front, Zagato was sent by military command to build airplanes at the Pomilio workshops. There he was assigned to the Fifth Department, which was responsible for assembling the fighter biplanes Savoia Verduzio Ansaldo (SVA A3) and the Savoia Pomilio C2. Once he became a director, Ugo Zagato was responsible for the development of the SVA 5 biplane which Gabriele D'Annunzio flew over Vienna with on the 9th of August 1918.

In those days, the automobile's derivation from horse-drawn carriages was still evident. The few cars in circulation were bulky, with heavy structures, and a small set of steps were needed to climb into the car.

ANNI 10

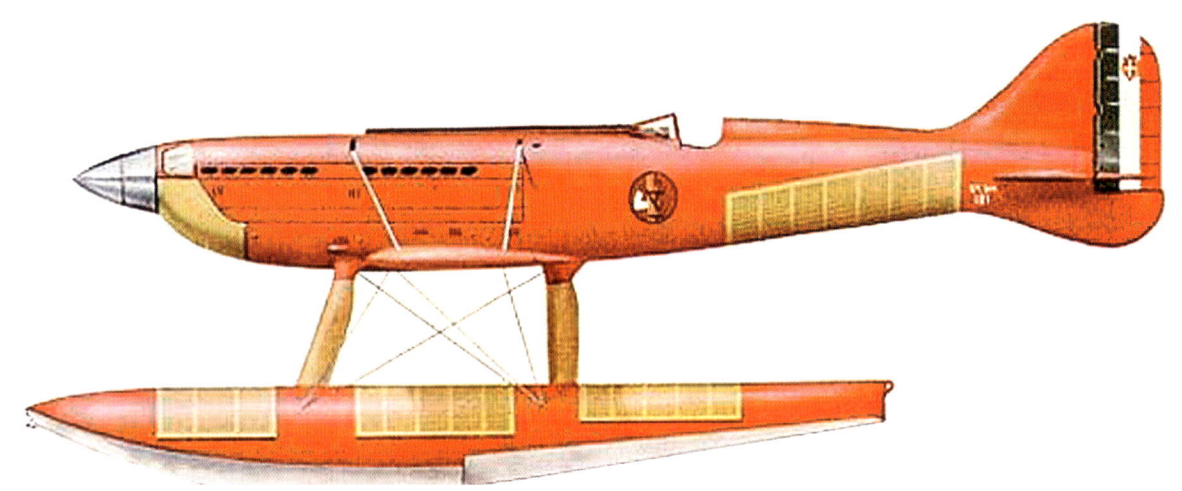

1918 Ansaldo Pomilio S.V.A. 5

1934 Macchi MC 72

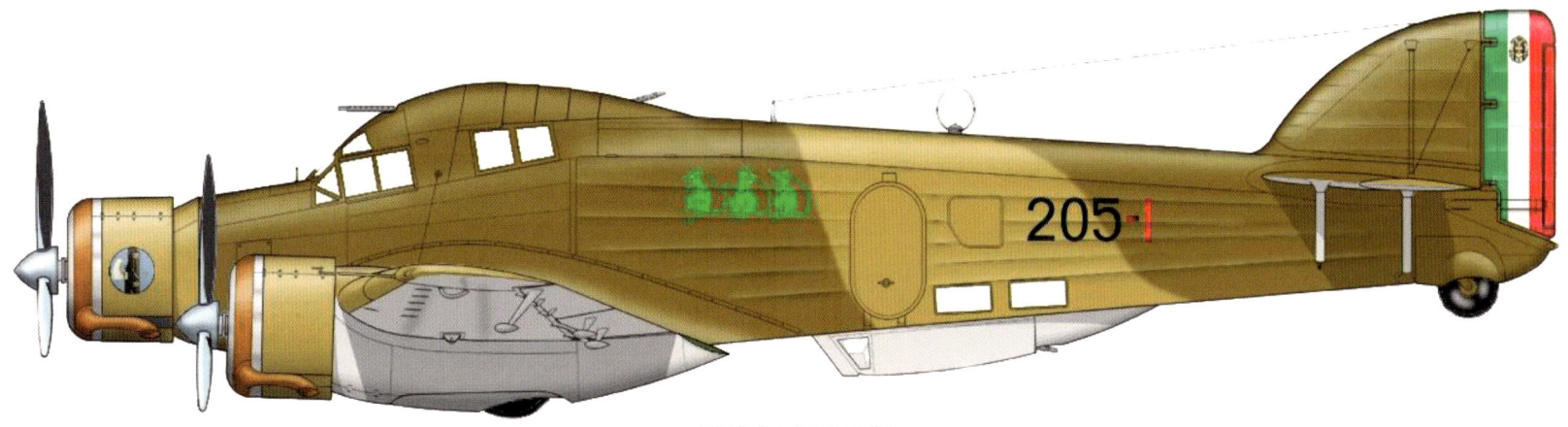

1940 S.I.A.I.S.M 79

Auto da Corsa

Si racconta che Ugo Zagato sia stato il primo a sostituire la struttura delle auto in legno con l'acciaio, combinandolo alla carrozzeria d'alluminio. La tecnica aeronautica dei primi del '900 ispirerà le auto da corsa del decennio successivo, in particolare le Alfa Romeo, che carrozzate da Zagato parteciperanno a tutte le Mille Miglia.

It is said that Ugo Zagato was the first to build cars with steel structures instead of wood, and then coupled them with light aluminium bodies. This method of building, which was coined by the aeronautic sector at the very beginning of the 1900s, subsequently inspired the generation of race cars of the next decade, in particular the Alfa Romeos bodied by Zagato, which participated in all the editions of the Mille Miglia.

Auto Aerodinamiche

Le Auto aerodinamiche disegnate per Alfa Romeo, Fiat e Lancia a partire dai primi anni '30 introducono nella storia delle competizioni le forme a siluro. Mutuate dalle linee degli aerei da record, come il Macchi MC 72, segnano la scomparsa di parafanghi e fari esterni al corpo vettura, integrandoli in un unico volume.

The aerodynamic cars designed in the early 1930s for Alfa Romeo, Fiat and Lancia introduced to motorsport history the famous 'missile' shaped car. Derived from the design of record setting airplanes, like the Macchi MC 72, these cars sported no exterior mudguards or exterior lights, as they were completely integrated into the body of the car.

Auto Panoramiche

Sembrano cockpit di bombardieri, gli abitacoli "Panoramici" che Zagato propone per Alfa Romeo, Fiat, Lancia, Ferrari, Maserati e MG. La funzione è la stessa: conferire visibilità e luminosità agli interni, fino a quel momento angusti e sacrificati. Leggere intelaiature in alluminio supportano ampie superfici in vetro e Perspex.

The passenger compartments proposed by Zagato for Alfa Romeo, Fiat, Lancia, Ferrari, Maserati and MG resembled very much like the cockpit of a bomber of the time. In fact the concept was the same, to maximize visibility and light inside the car, which until then had been starved of both these elements. Light frames made out of aluminium supported the vast sheets of glass and Perspex.

ANNI 20

Alfa Romeo 1500 6C Zagato

Auto da Corsa

Alfa Romeo 1750 GS Zagato

Ugo Zagato inizia la sua attività di carrozziere nel 1919, quando decide di abbandonare le Officine Aeronautiche Pomilio - dopo quattro anni di esperienza lavorativa che si rivelerà decisiva per il suo futuro - e di tornare a Milano per mettersi in proprio. Oggetto dell'attività: "costruzione e riparazione di carrozzerie per auto e aeroplani".
Nella sua mente, un'idea geniale: trasferire le sofisticate tecniche del costruire leggero e resistente dal settore aeronautico a quello automobilistico.
Le auto di allora erano ancora pesanti e massicce: immaginarle leggere, con un' anima in lastre di alluminio, quali erano le carlinghe degli aeroplani, è stata la vera rivoluzione messa in atto da Zagato. Una rivoluzione non solo tecnica ma anche formale, che ha segnato la fine dell'arte applicata all'industria, un addio alle leziosità del passato, ai ninnoli liberty, ai cuscini trapuntati, agli avvisatori acustici a pera, agli interni in stile Luigi XV e Luigi XVI.
Questa inversione di tendenza segnerà una tappa fondamentale nella storia del gusto, e l'imporsi, in Europa, del concetto di funzionalità applicato all'auto. È un funzionalismo che differisce da quello americano, legato all'utilità della vettura, in quanto strettamente connesso a una vocazione sportiva e a un principio di estetica che Enzo Ferrari riassumerà felicemente più tardi, affermando che "l'auto che vince è la più bella".

Ugo Zagato began his coach building career in 1919 when he left the Officine Aeronautiche Pomilio, after an all-important four-year spell, to return to Milan to set up his own business. The business was: "the construction and repair of bodies for automobiles and airplanes ".
He did so with the bold intent of transferring sophisticated constructional techniques that combined lightness with strength from the aeronautic to the automotive sector.
The cars of the time were still bulky and heavy: conceiving them as lightweight structures, with a frame in sheet aluminium similar to an aircraft fuselage, was the true revolution initiated by Zagato. A revolution involving not only technology but also styling, one that marked the end of art applied to industry, a farewell to the affectations of the past, to art nouveau frivolity, to deep buttoned upholstery, bulb horns and Louis XV and XVI style interiors.
This change in direction came to represent a fundamental chapter in the history of taste and saw, in Europe, the adoption of the concept of functionalism applied to automotive design.
This was a functionalism differing from that in vogue in America and associated with the utilitarianism of the motor car in that it was closely bound up with a sporting vocation and an aesthetic principle that Enzo Ferrari succinctly stated "the most beautiful car is the one that wins".

ANNI 20

Alfa Romeo 1750 6C GS Zagato

Dopo i rilevanti successi sportivi e commerciali ottenuti dall'Alfa Romeo 1500 6C nel triennio 1927 - 1929, il binomio Vittorio Jano e Ugo Zagato dà vita ad un'auto che sarebbe diventata leggendaria nella storia della Casa del Biscione: la 1750 6C, di cui Zagato costruisce, dal 1927 al 1932, le versioni Turismo, Sport o Granturismo, Super Sport o Gran Sport, al ritmo di due vetture al giorno.

La Spider 1750 Zagato trova la sua definitiva consacrazione nella Mille Miglia, gara di 1600 chilometri sul percorso Brescia-Roma e ritorno, alla quale la carrozzeria milanese ha legato indissolubilmente la sua fama e il suo successo.

La coppia Giuseppe Campari e Giulio Ramponi vince nel 1928 (ancora con la 1500) e nel 1929. Memorabile l'edizione del 1930, che consacra, ai primi quattro posti, con una velocità media che supera la barriera dei 100 chilometri orari, le Alfa Romeo 1750 Zagato pilotate da Tazio Nuvolari, Achille Varzi, Giuseppe Campari e Pietro Ghersi. Sono anni di gloria: Ugo Zagato è ormai da tutti acclamato come il più geniale costruttore di carrozzerie per auto sportive.

Following the great sporting and commercial success enjoyed by the Alfa Romeo 1500 6C during the three-year period 1927 - 1929, Vittorio Jano and Ugo Zagato teamed up to produce a car that was to achieve legendary status in the history of the Milanese manufacturer, the 1750 6C. Between 1927 and 1932, Zagato built Turismo, Sport or Granturismo, Super Sport or Gran Sport versions of this model at the rate of two cars a day.

The Zagato-bodied Spider 1750 achieved crowing glory in the Mille Miglia, the 1,600 kilometre road race from Brescia to Rome and back that has played such an important part in the fame and success of the Milanese coachbuilder.

Giuseppe Campari and Giulio Ramponi drove the car to victory in 1928 (again with the 1500) and 1929, while a memorable edition in 1930 saw Alfa Romeo 1750 Zagatos driven by Tazio Nuvolari, Achille Varzi, Giuseppe Campari and Pietro Ghersi filling the first four places. These were years of glory: Ugo Zagato was now universally acclaimed as the greatest coachbuilder for sporting cars.

ANNI 20

1925 Alfa Romeo RL SS Zagato

1926 Alfa Romeo 1500 6C Zagato

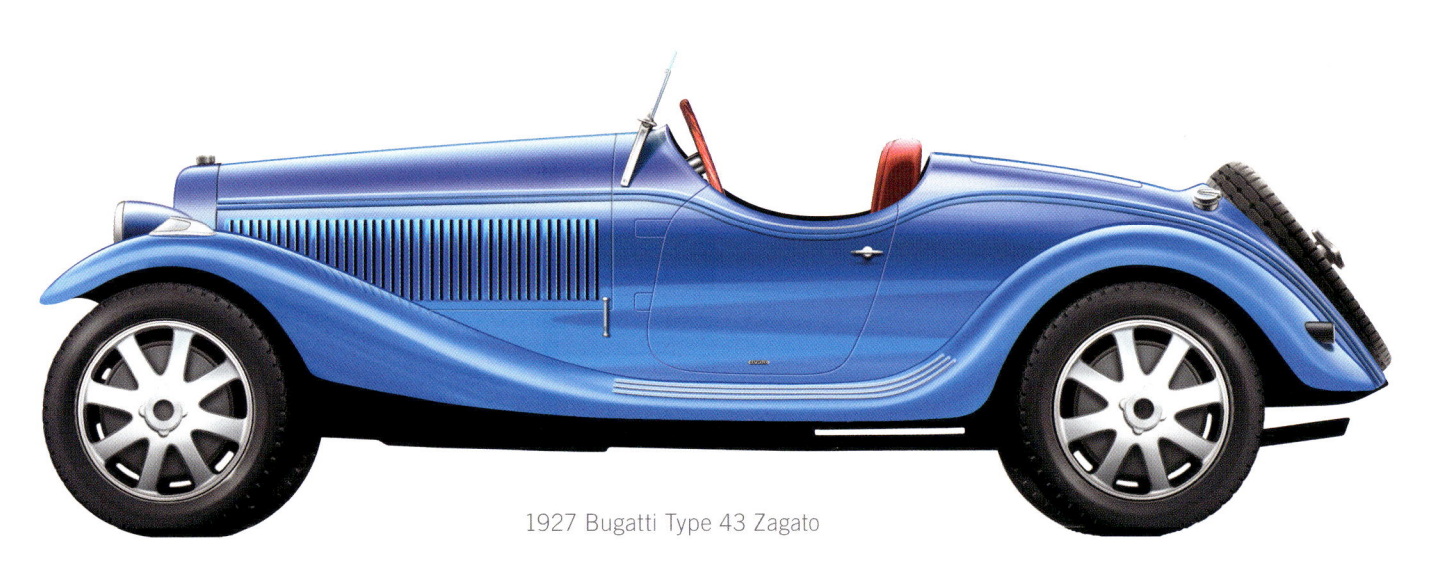

1927 Bugatti Type 43 Zagato

Ugo Zagato

Dopo i primi modelli carrozzati su telai Fiat, Bianchi, Itala, Diatto, Lancia e Chiribiri, Ugo Zagato, grazie allo stretto legame di amicizia con Antonio Ascari, riceve dall'Alfa Romeo i primi telai ufficiali RM, RL e RLSS. Tutti i piloti, tra i quali Enzo Ferrari, Campari, Borzacchini, Ramponi, Varzi e Nuvolari, corrono con carrozzerie realizzate da Zagato.

After building his earliest car bodies on Fiat, Bianchi, Itala, Diatto, Lancia and Chiribiri chassis, Ugo Zagato received the first official RM, RL and RLSS chassis from Alfa Romeo thanks to his close friendship with Antonio Ascari. All drivers, like Enzo Ferrari, Campari, Borzacchini, Ramponi, Varzi e Nuvolari, raced with bodies made by Zagato.

Vittorio Jano

Nel 1926 Ugo Zagato e Vittorio Jano, ingegnere progettista della Casa del Portello e soprannominato dal Senatore Agnelli "il Leonardo dell'automobile", danno vita alla leggendaria 1500 6C. Con carrozzeria in alluminio, di derivazione aeronautica e realizzata da Zagato, assieme alla successiva 1750 6C vincerà per tre volte la Mille Miglia e sarà la prima vettura a superare il muro dei cento chilometri all'ora.

In 1926 Ugo Zagato and Vittorio Jano, the Alfa Romeo design engineer that Senator Agnelli named "the Leonardo of automobiles", created the legendary 1500 6C. With aluminium bodywork of aeronautical derivation, together with the later 1750 6C it won three editions of the Mille Miglia and was the first vehicle to exceed one hundred kilometres per hour.

Ettore Bugatti

Nato a Milano e trasferitosi in Francia, non rinunciò mai alla cittadinanza italiana e collaborò a lungo con Diatto. Nel 1927 Bugatti affidò ad Ugo Zagato la carrozzeria di una Tipo 43 per partecipare alla Mille Miglia dell'anno seguente. Zagato costruì un elegante roadster bicolore bleu e argento, che evolse le forme aeronautiche della 1500 6C.

Born in Milano and moved to France, he never renounced his Italian citizenship and collaborated extensively with Diatto. In 1927 Bugatti asked Ugo Zagato to coach-build a Type 43 in order to enter the 1928 Mille Miglia. Zagato built an elegant light grey blue metallic 2 seater roadster body, that evolved the aeronautic shapes of the 1500 6C.

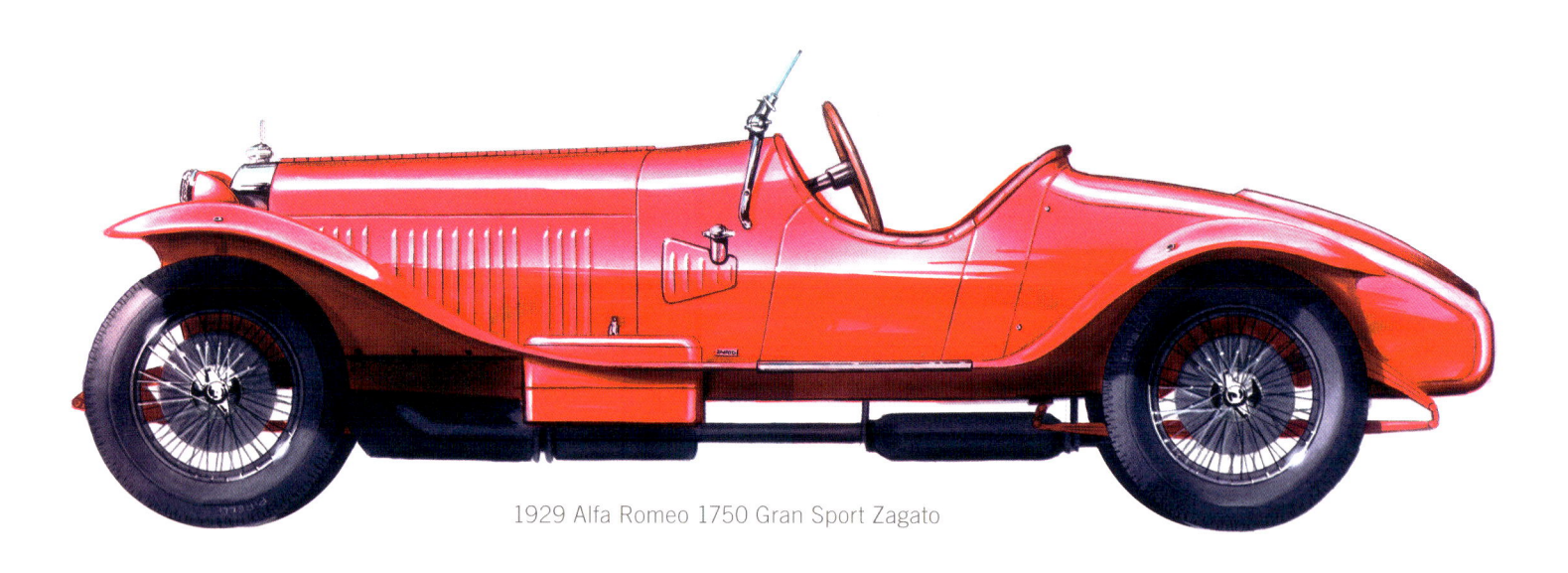

ANNI 20

1929 Alfa Romeo 1750 Gran Sport Zagato

1931 Alfa Romeo 1750 6C Parigi Zagato

1932 Maserati V4000 Sport Zagato

IL PIÙ FAMOSO CHASSIS D'INGHILTERRA CARROZZATO IN ITALIA

QUESTO SUPERBO CHASSIS
DELLA BRITANNICA "ROLLS ROYCE"
È STATO CARROZZATO CON SUPREMA ELEGANZA
DALLA MILANESE CARROZZERIA "ZAGATO"

ANNI 20

I° Cat. 1500 1000 Miglia 1928
Marinoni - Guidotti
Alfa-Romeo - 1500.6C. spider Comp

1000 Miglia 1930

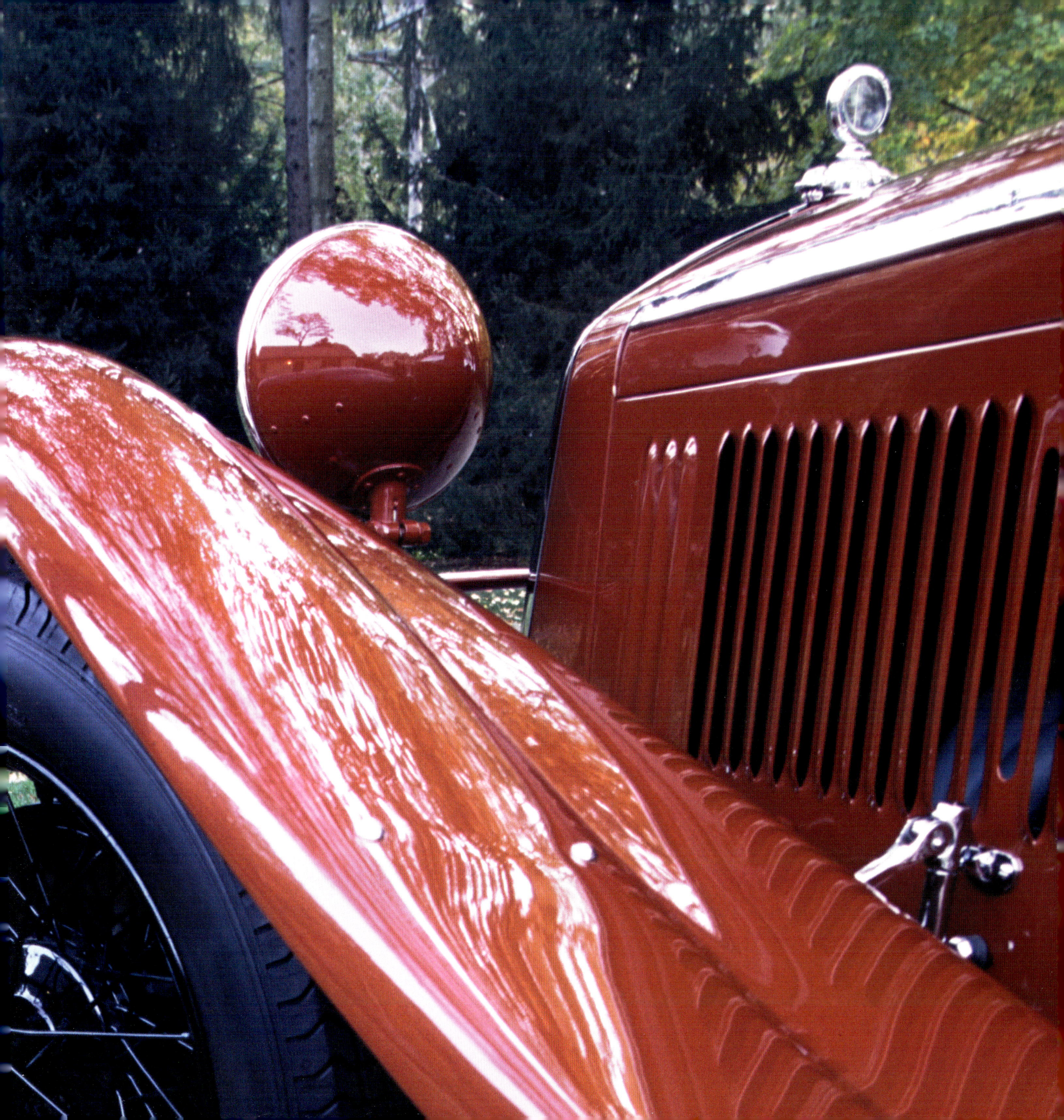

ANNI 30

Alfa Romeo 6C 2300

Auto Aerodinamiche

Lancia Aprilia Sport Zagato

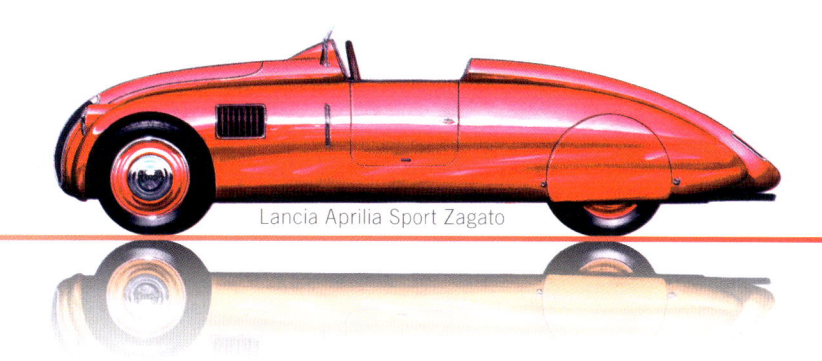

La preoccupazione costante di fendere l'aria con vetture dalle linee filanti e affusolate porta Ugo Zagato a mettere a punto negli anni Trenta i primi concetti di aerodinamica applicata all'automobile. Si occupa quindi di definire competenze e ambiti di ricerca peculiari dell'attività di carrozziere, colui che deve risolvere i problemi causati dalla resistenza dell'aria all'avanzamento dei veicoli. Per primo propone parabrezza inclinati, fari più aerodinamici - dapprima chiudendoli con una mezza sfera di alluminio, poi inglobandoli nella carrozzeria - portabagagli bombati e cerchioni forati per favorire il raffreddamento dei freni.

È un momento d'oro: ha già molti estimatori e numerose sono le richieste di allestire vetture giocate sulle sue avveniristiche soluzioni tecniche e stilistiche. Lo stesso Enzo Ferrari, che aveva già dato vita ad una sua Scuderia, gli commissiona la costruzione di alcune vetture, sia direttamente sia presso la Carrozzeria Brianza, dove Ugo Zagato lavora per un breve periodo come consulente.

Ordìni giungono anche dalla Scuderia Ambrosiana, fondata nel 1935 da un gruppo di appassionati, capeggiati da Giovanni Lurani Cernuschi, conte di Calvelzano, e uniti da una passione comune per le automobili e per l'Ambrosiana-Inter, la squadra di calcio milanese da cui derivano il nome e i colori nero-azzurro.

A constant endeavour during the 1930s to get cars to cut through the air with sleek, tapering lines led Ugo Zagato to refine and develop the earliest concepts of aerodynamics applied to the motor car; that is to say, he defined the area of competence and research appropriate to the coachbuilder, the figure responsible for solving the problems caused by drag on moving cars. He was the first to adopt inclined windscreens, more aerodynamic headlights, firstly enclosing them in aluminium hemispheres and then incorporating them within the bodywork, convex bootlids and perforated disc wheels that favoured brake cooling.

This was a golden age: Zagato was already attracting many admirers and received numerous requests to prepare cars featuring his advanced technical and stylistic features. Enzo Ferrari had already set up his own racing team when he commissioned Zagato to construct a number of cars, both directly and through the Carrozzeria Brianza where he worked as a consultant for a brief period.

Orders also arrived from the Scuderia Ambrosiana, a racing team founded in 1935 by a group of enthusiasts led by Giovanni Lurani Cernuschi, Count of Calvelzano, and united by a passion for cars and Ambrosiana-Inter, the Milanese football team from which the name and the cars' blue and black livery derived.

ANNI 30

Lancia Aprilia Sport Zagato

A partire dal 1937, le Lancia Aprilia Sport sono quasi tutte commissionate dalla Scuderia Ambrosiana, la quale, su sollecitazione di Enrico Minetti, concessionario Lancia di Milano e presidente della Scuderia stessa, affida la costruzione delle carrozzerie a Zagato.

Nascono così una "aerodinamica" e uno spider MM, vetture che godono di buona fama: la prima per la sua forma accattivante, che le fa meritare il soprannome di "Panciona"; la seconda per essere riuscita a riportare la vittoria di classe alla Mille Miglia del 1937 con Gigi Villoresi al volante (quarto assoluto sul traguardo di Brescia).

Dell'Aprilia sono rimaste pochissime immagini, che ci mostrano le vetture per lo più in corsa. In queste pagine viene proposta la versione Sanction II realizzata nel 2006, in occasione del centesimo anniversario del marchio Lancia, grazie alle tecniche fotometriche di ricostruzione sulla base delle foto originali. Zagato progettò e costruì anche un'Aprilia Sport con carrozzeria "hard top"; si presuppone una partecipazione al progetto anche da parte dell'Ingegner Luigi Fabio Rapi dell'Isotta Fraschini.

The Lancia Aprilia Sport were almost all commissioned by the Scuderia Ambrosiana from 1937. The racing team's president, Enrico Minetti, a Lancia dealer from Milan, encouraged it to entrust Zagato with the construction of the cars' bodies.

The result was the creation of an "aerodinamica" and a Spider MM, cars that were to gain an enviable reputation: the first for its attractive shape that earned it the nickname "Panciona" or "Tubby", the second for having won its class in the 1937 edition of the Mille Miglia with Gigi Villoresi at the wheel (fourth overall at the finish in Brescia).

Very few photographs of the Aprilias survive, most of them action shots. The illustrations on these pages instead show a Sanction II version, made in 2006 for the 100th Anniversary of the Lancia brand, thanks to the photometric techniques on the basis of the original photos. Zagato also designed and coachbuilt an Aprilia Sport with hard top. It is said that the engineer Luigi Fabio Rapi from the Isotta Fraschini firm was also involved in the project.

ANNI 30

1929 Alfa Romeo Berlinetta Sperimentale Zagato

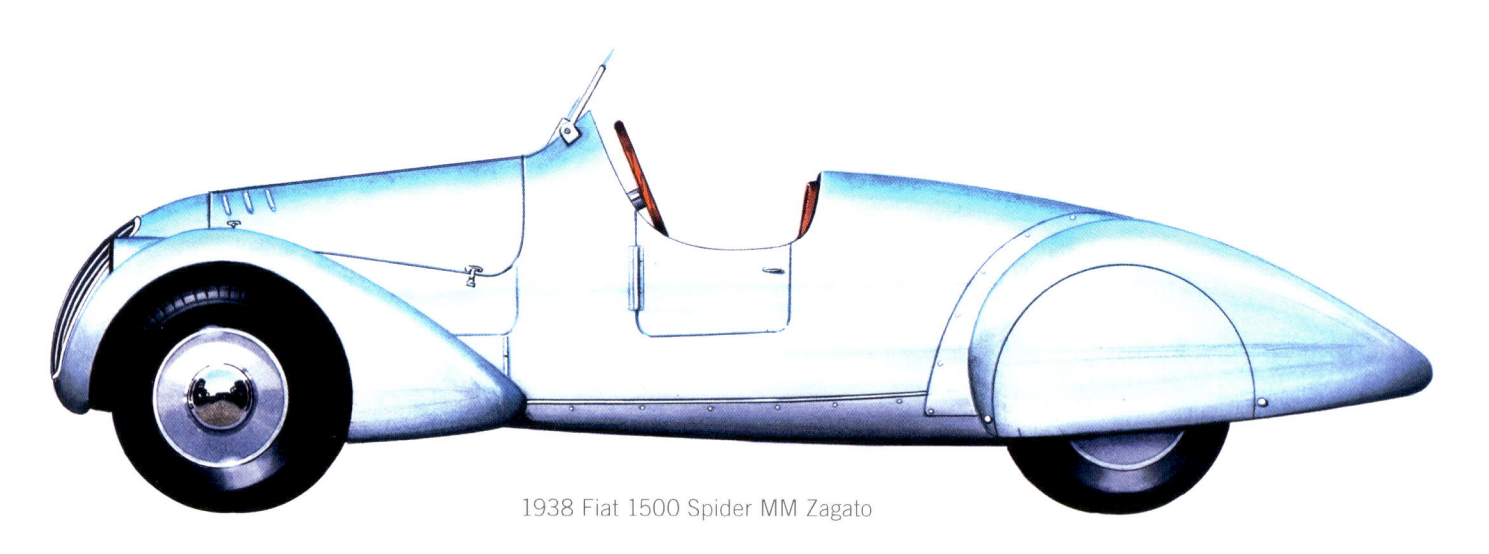

1938 Fiat 1500 Spider MM Zagato

1938 Lancia Aprilia Aerodinamica Coupé Zagato

Benito Mussolini

Galeotta, per la loro tragica storia d'amore, una manovra azzardata del "Duce" con la sua Alfa Romeo 1750 Zagato, che superò la vettura sulla quale procedeva, più lentamente, Claretta Petacci. Già cliente dell'Atelier Zagato, Mussolini aveva acquistato nel 1924 un'Alfa Romeo RLSS Spider.

The "Duce's" risky manoeuvre at the wheel of his Alfa Romeo 1750 Zagato as he overtook the slower car in which Claretta Petacci was travelling was instrumental in their tragic love story. Being already a Zagato Atelier customer, Mussolini had already ordered an Alfa Romeo RLSS Spider in 1924.

Mille Miglia

La Mille Miglia fu ideata nel 1926 da Aimo Maggi, Renzo Castagneto, Giovanni Canestrini e Franco Mazzotti, immaginando un percorso di 1600 chilometri, ovvero di mille miglia. Questa innovativa formula esaltò sin dalle prime edizioni la carrozzeria milanese, tanto che nel 1938 si contarono al via ben 38 vetture carrozzate Zagato.

The Mille Miglia was first organized in 1926 by Aimo Maggi, Renzo Castagneto, Giovanni Canestrini and Franco Mazzotti, envisaging a route from Brescia to Rome and back - 1600 kilometres overall, that's a thousand miles. The innovative formula excited the Milanese coachbuilder since the very first edition. This was demonstrated in 1938 when no less than 38 cars bodied by Zagato were entered.

Vincenzo Lancia

La collaborazione tra Zagato e il fondatore della Lancia iniziò nel 1927 sulla base di un telaio Lambda carrozzato nella versione Sport. Da allora tutte le versioni "Sport" verranno carrozzate da Zagato, coniugando l'eleganza tipica della Casa costruttrice torinese con l'approccio sportivo di derivazione aeronautica della carrozzeria milanese.

The collaboration between Zagato and Lancia's founder started in 1927 on a Lambda chassis base bodied in the "Sport" version. From that time, all the sport versions will be bodied by Zagato, merging typical elegance of the Turin manufacturer with the sporty approach deriving from the aeronautic field of the Milanese coach builder.

ANNI 30

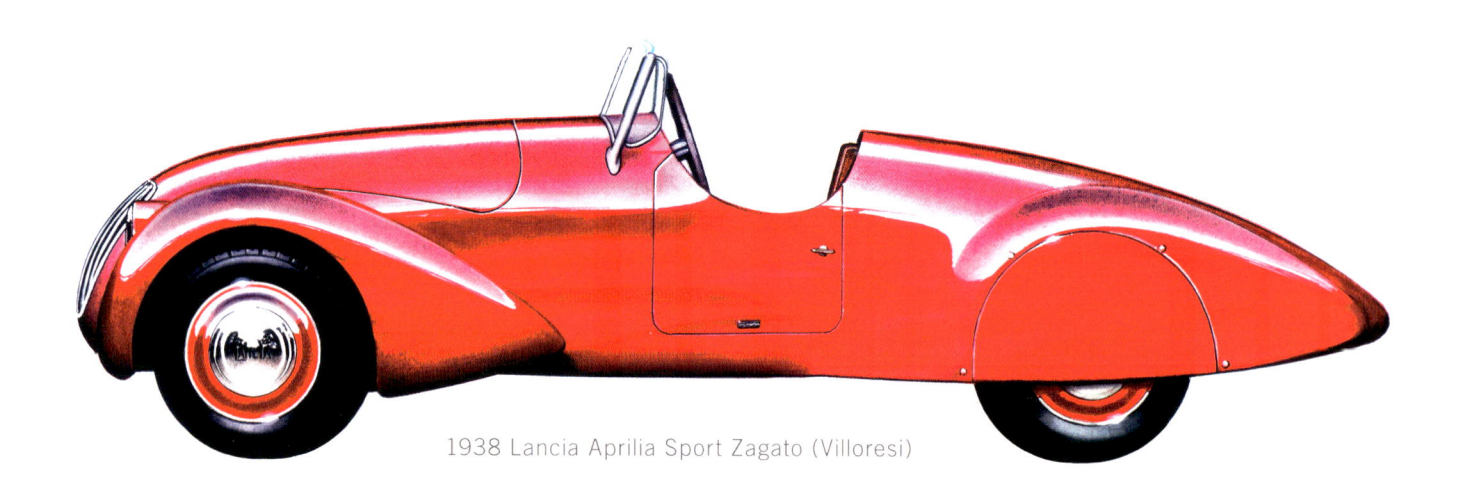

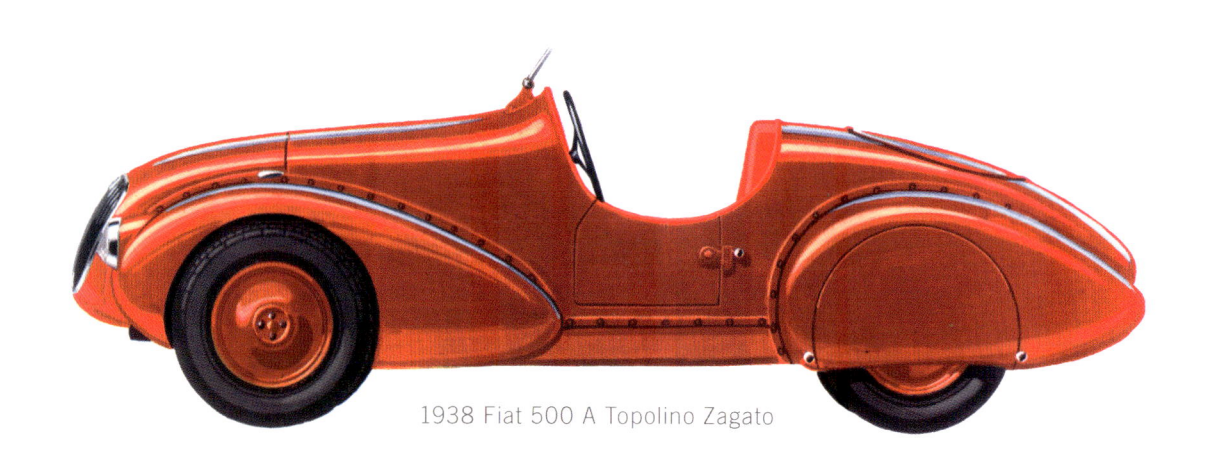

1936 Alfa Romeo 2900 Spider Zagato

1938 Lancia Aprilia Sport Zagato (Villoresi)

1938 Fiat 500 A Topolino Zagato

S. A. CARROZZERIA
U. ZAGATO & C.
MILANO - Via M. U. Traiano, 38 - Telef. 91-642

Spyder Alfa Romeo 8 c.

Lo Spyder che col trinomio Alfa Romeo - Scuderia Ferrari - Carrozzeria Zagato portò alle innumerevoli vittorie in patria e all'estero, il nome d'Italia, nell'anno XI.

Spyder Aerodinamico su Alfa Romeo 6c G. S.

ANNI 30

Alfa Romeo

ZAGATO

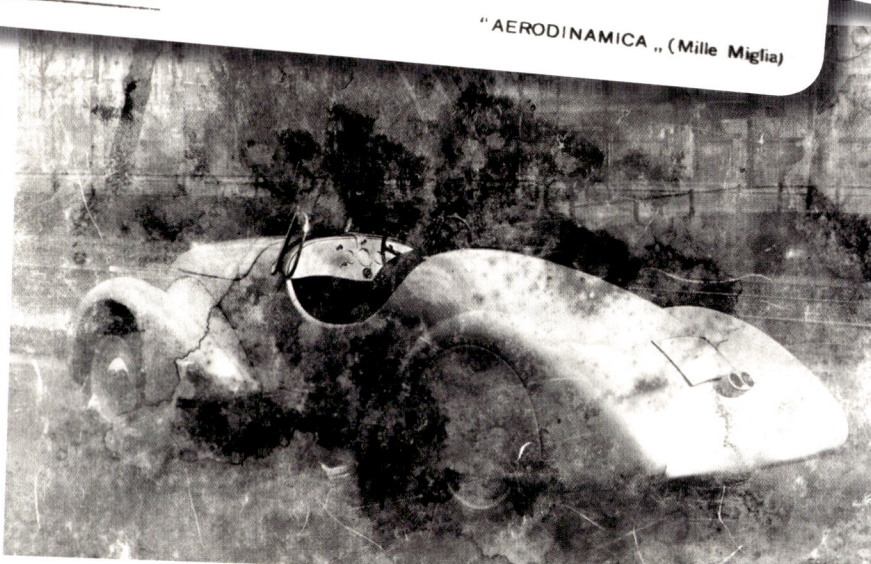

"AERODINAMICA" (Mille Miglia)

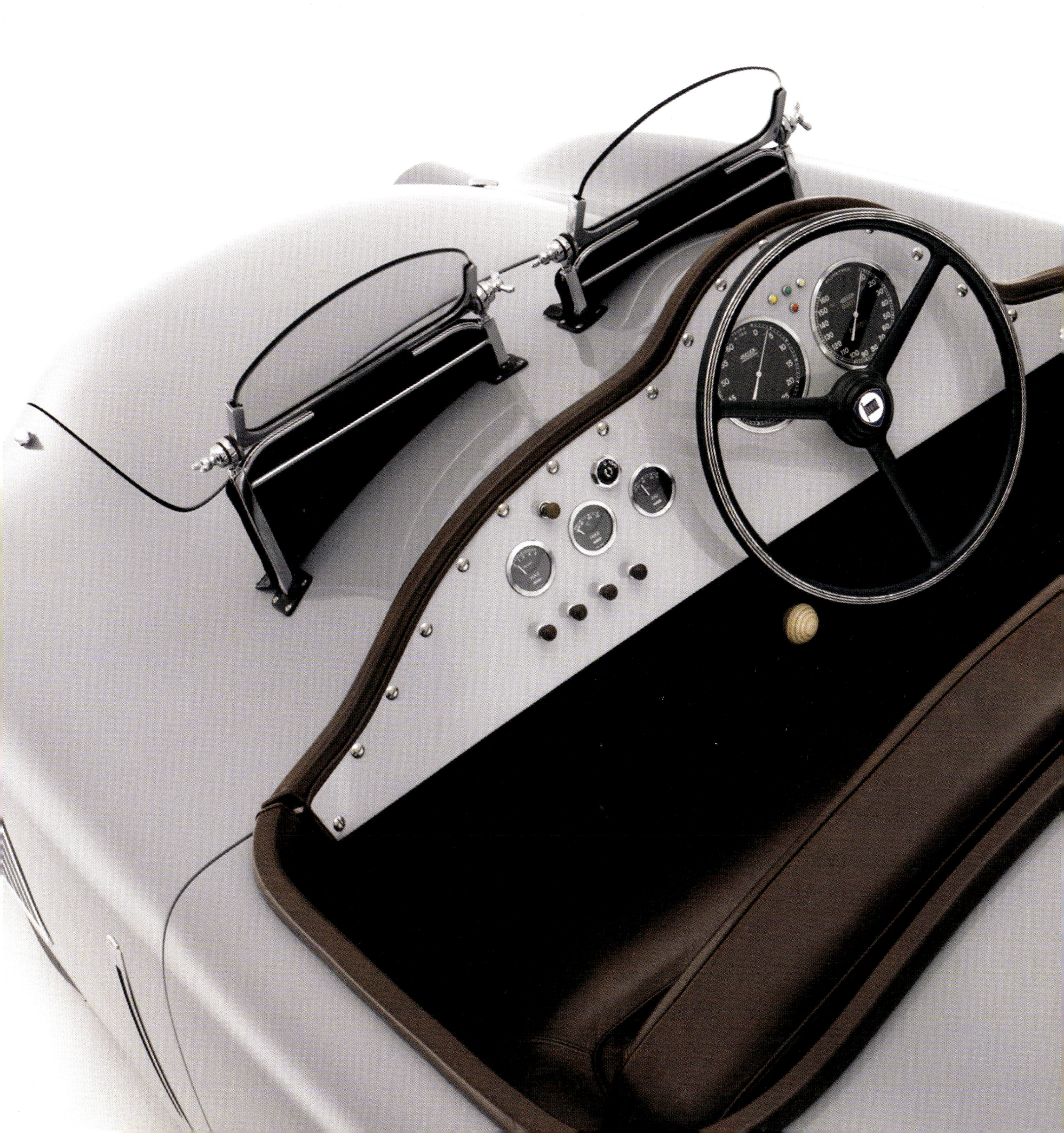

ANNI 40

MG Panoramica

Auto Panoramiche

Maserati 1500 Z Panoramica

Al sopraggiungere della guerra, Ugo Zagato abbandona la sua casa di Milano e si rifugia sui Lago Maggiore. È qui che apprende la notizia del terribile bombardamento che la notte dei 13 agosto 1943 si abbatte su Milano. Bombe dirompenti, scaricate dagli aerei inglesi della RAF, distruggono completamente la sua carrozzeria di Corso Sempione 27. Deve ricominciare da zero: trova una nuova sede a Saronno, a fianco dell'Isotta Fraschini, per la quale costruisce cabine destinate ad autocarri e veicoli militari. Terminata la guerra, torna a Milano e ricostruisce l'azienda, vicino al Portello, storica sede dell'Alfa Romeo. Ritrovata la tranquillità e la mai sopita voglia di sperimentare nuove automobili, Zagato dà forma a un originale concetto automobilistico, la cosiddetta Panoramica, destinata a segnare la rinascita della sua carrozzeria nel dopoguerra.
La ricerca di un'abitabilità meno ridotta e di un maggiore comfort interno sono le linee guida delle sue sperimentazioni, che si concretizzano in una tipologia caratterizzata dalla grande luminosità e visibilità, ottenute mediante ampie superfici vetrate - parabrezza e cristalli laterali - che si incurvano ed entrano a far parte del tetto, conferendo all'auto forme compatte e l'aspetto di un volume modellato.
L'impiego di un nuovo materiale, il plexiglas, al posto dei pesanti cristalli consente la curvatura dei vetri e notevoli risparmi in termini di peso. Ancora una volta precorre tendenze moderne, osservando scrupolosamente i principi della leggerezza e dell'aerodinamica di derivazione aeronautica, soffermando la sua particolare attenzione sull'abitabilità interna e consegnando alla storia una vettura dalla linea pulita, priva di sporgenze e di spigoli, insomma funzionale.

At the outbreak of the Second World War, Ugo Zagato abandoned his Milanese home and sought refuge on the shores of Lake Maggiore. It was here that he received news of the terrible bombardment suffered by Milan the night of the 13th of August 1943. A devastating RAF bombing raid completely destroyed his coachworks at Corso Sempione 27 and obliged him to start over from scratch. He found new premises at Saronno, alongside the Isotta Fraschini works, on behalf of which he constructed trucks and military vehicles. Zagato returned to Milan at the end of the war and re-established his company, close to the historic Portello home of Alfa Romeo. Having rediscovered a measure of tranquillity, his ever present desire to experiment with new forms of motor cars led Zagato to create an original automotive concept, the so-called "Panoramica", destined to mark the rebirth of his coachworks in the post-war period. Zagato's experiments were oriented towards a search for more spacious and more comfortable interiors. They eventually crystallised in a new type-form characterised by airiness and great visibility thanks to large glazed areas - windscreen and side windows - that curved upwards to merge into the roofline, giving rise to cars with compact forms, with a sculpted appearance. The use of a new material, Plexiglas, in place of heavy traditional glass permitted both the novel curvatures and considerable weight savings. Once again, Zagato was pre-empting modem trends, observing the principles of lightness and aerodynamic efficiency derived from aeronautical experience, paying particular attention to interior space and consigning to automotive history a car with clean lines, free of protuberances and sharp angles, in short a functional form.

ANNI 40

Maserati 1500 Panoramica Zagato

Nel 1937 i fratelli Maserati cedono la proprietà dell'azienda all'industriale siderurgico Adolfo Orsi, che li conferma alla direzione tecnica per i successivi 10 anni. I fratelli, liberati dalle angustie finanziarie, dimostrano le loro capacità costruendo la monoposto 8CTF, vincitrice della 500 Miglia di Indianapolis nel 1939 e nel 1940. Nel gennaio 1940 la Maserati si trasferisce a Modena, in vista della costruzione in piccola serie di una nuova vettura granturismo, il cui progetto inizia in novembre. Con la guerra viene avviata la produzione di macchine utensili e di autocarri a trazione elettrica, ma il progetto dell'A6 1500 prosegue: nel 1942, il prototipo, vestito di una spartana carrozzeria spider con parafanghi motociclistici, inizia le prove, che proseguono anche nel periodo più buio. Nel 1947, al Salone di Ginevra, viene presentata la vettura di serie carrozzata da Pinin Farina; la prima delle tante granturismo che porteranno il marchio del Tridente. Il telaio del prototipo è invece affidato a Zagato, che lo veste nel biennio 1948-1949 con una carrozzeria "panoramica" che rappresenta un eccellente compromesso tra la leggerezza necessaria ad una vettura sportiva e l'eleganza di una granturismo.

In 1937 the Maserati brothers signed over ownership of their company to the steel magnate Adolfo Orsi, who then appointed them as technical directors for the next 10 years. The brothers, freed of their financial shackles, gave proof of their talents by constructing the 8CTF single-seater that won the Indianapolis 500 in 1939 and 1940. In January 1940, in view of the small-scale production of a new grand touring car that coming November, the Maserati company moved to Modena and a modern factory. The war instead led to the production of machine tools and electric vehicles, but the A6 1500 project was nonetheless carried forwards. Testing of the prototype with spartan spider bodywork and cycle-wings began in 1942 and continued even through the darkest period of the conflict. The 1947 Geneva motor show saw the presentation of the production model bodied by Pinin Farina, the first of many grand touring cars that were to carry the trident badge. The prototype chassis instead passed to Zagato, who between 1948 and 1949 clothed it with a "panoramic" body representing an excellent compromise between the lightness required of a sports car and the elegance of a grand tourer.

ANNI 40

1949 Ferrari 166 Panoramica Zagato

1950 Ferrari 166 Barchetta Zagato

1951 Alfa Romeo 159 Grand Prix Zagato

Enzo Ferrari

Un'Alfa Romeo 1500 6C Zagato segna l'inizio della carriera da pilota di Enzo Ferrari, che con la sua Scuderia affiderà a Zagato tutte le carrozzerie delle Alfa Romeo da corsa. Diventato costruttore, concederà all'amico Ugo di carrozzare alcune Ferrari 166 MM e, in seguito, alcune 250 SWB.

An Alfa Romeo 1500 6C Zagato marked the beginning of Enzo Ferrari's career (right) as a race driver, who with his Scuderia commissioned Zagato to body all racing Alfa Romeos. When he became a manufacturer himself, he commissioned his friend Ugo to body a number of Ferrari 166 MMs and subsequently some 250 SWBs.

Antonio e Alberto Ascari

La famiglia Ascari, che viveva a Milano in Corso Sempione, a pochi metri dalla Carrozzeria Zagato, fu da sempre il "trait d'union" tra Ferrari e Zagato. Entrambi piloti, e appassionati di carrozzeria, gli Ascari frequentarono prima Ugo e poi Elio Zagato, quando questi iniziò la sua carriera di pilota Gran Turismo.

The Ascari family, who used to live on Corso Sempione in Milan, very close to the Zagato Atelier, had been since the beginning the connection between Ferrari and Zagato. Both race drivers and very passionate of coachworks, Ascari brothers were used to meeting Ugo and then Elio, when he started his career as a Gran Turismo driver.

Juan Manuel Fangio

Nel palmarès della carrozzeria Zagato figura anche un titolo mondiale di Formula 1: quello conquistato nel 1951 da Juan Manuel Fangio con l'Alfa Romeo 159, evoluzione della 158 progettata da Gioachino Colombo. Questa vettura e questa prestigiosa vittoria rilanciarono la collaborazione tra l'Alfa Romeo e Zagato nel dopoguerra.

The Zagato coachworks' roll of honour also features a Formula 1 World Championship title won in 1951 by Juan Manuel Fangio at the wheel of an Alfa Romeo 159, an evolution of the 158 designed by Gioachino Colombo. This car and this legendary victory revamped the collaboration between Alfa Romeo and Zagato after the second World War.

ANNI 40

1947 Fiat 1100 Panoramica Zagato

1948 Alfa Romeo Panoramica Zagato

1948 Isotta Fraschini Monterosa Zagato

CARROZZERIA "ZAGATO"

MILANO - Via Giorgini, 18
Telef. 990.344 - 990.926

Ricordando le vittoriose affermazioni delle carrozzerie montate su:

ALFA ROMEO 159
campione del mondo

FERRARI 2000 SPORT
campione d'Italia

FIAT ZAGATO 750 G.T.
campione d'Italia

presenta la

FIAT 1100 E
Gran Turismo

2 posti e bagagli
a richiesta 5 posti

ANNI 40

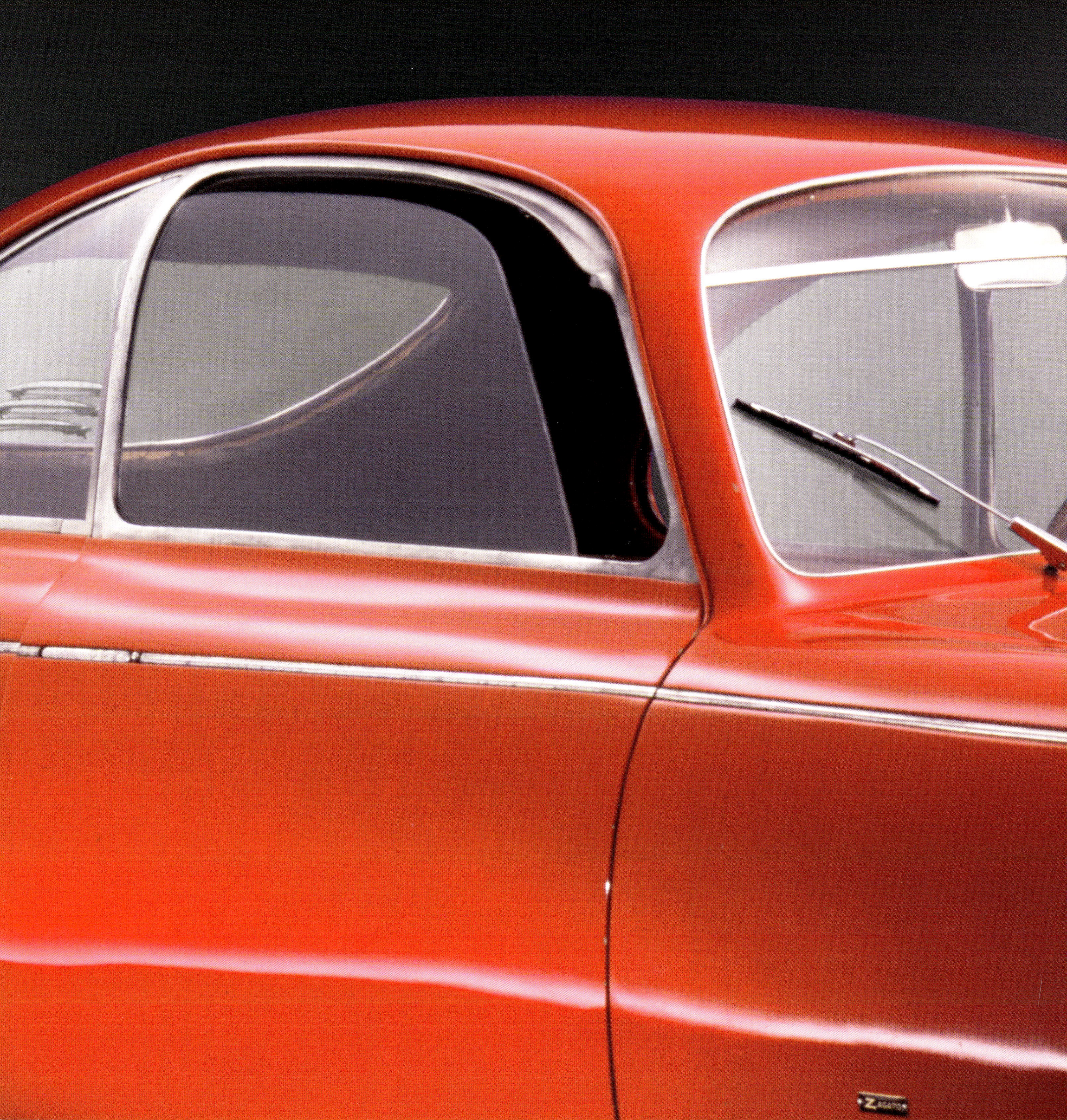
ZAGATO

ANNI 50

Monza - Gran Turismo Zagato

Auto Gran Turismo

Aston Martin DB4 GT Zagato

Come regalo di laurea per il dottorato alla Facoltà di Economia e Commercio dell'Università Bocconi di Milano, Elio Zagato - primogenito di Ugo - riceve dal padre nel 1947 uno spider sportivo ricavato da un telaio Fiat 500 B. Questa vettura simboleggia l'inizio di un'incredibile carriera di Gentleman Driver, coronata da numerose vittorie (su 160 gare disputate, Elio Zagato sale sul podio ben 83 volte).

La nascita della categoria Gran Turismo, ideata nel 1949 dal conte Giovanni Lurani e dal giornalista Giovanni Canestrini, rivoluziona il mondo delle competizioni; rientrano in questa classe, al cui successo ha contribuito molto lo stesso Elio a partire dal 1950, vetture con carrozzeria sportiva e telaio o scocca di serie, costituite da almeno 30 esemplari costruiti. Si tratta quindi di vetture per l'uso quotidiano, confortevoli e rifinite, ma ugualmente filanti e aerodinamiche quanto basta per gareggiare, il fine settimana, sui principali circuiti.

A coronare un decennio leggendario giunge un prestigioso riconoscimento: il Compasso d'Oro per il Design, conferito nel 1960 a Ugo Zagato per la Fiat Abarth 1000 Zagato con la seguente motivazione: "...risultato di un "design" semi-industriale di qualità eccellente, che per l'adeguatezza dei caratteri estetici e tecnologici alle loro funzioni specifiche giunge a promuovere un momento semplicemente spregiudicato nella interpretazione delle funzioni più generali dell'automobile, anche di grande serie...".

Zagato è nuovamente il depositario del design funzionalista nel settore dell'auto.

As a gift for having graduated with a doctorate from Milan's Bocconi University's faculty of Economics and Commerce, Elio Zagato, Ugo's first-born son, received an open-top sports car based on a Fiat 500 B chassis from his father in 1947. This car represented the beginning of a remarkable career as a gentleman driver punctuated by numerous victories (in a total of 160 races disputed, Elio earned a place on the podium no less than 83 times). The birth of the Gran Turismo category, conceived in 1949 by Count Giovanni Lurani and the journalist Giovanni Canestrini, revolutionised the world of automotive competition: the category, to the success of which Elio Zagato contributed from 1950, comprised cars with sports coachwork and a production chassis or bodyshell of which at least 30 examples had been built. They were, therefore, cars capable of being used on an everyday basis, comfortable and well-finished, yet sufficiently sleek and aerodynamic to race at weekends on the leading circuits. A legendary decade was crowned by a prestigious award: the Compasso d'Oro design prize conferred upon Ugo Zagato in 1960 for his Fiat Abarth 1000 Zagato with the following motivation: "...the fruit of a 'semi-industrial' design of excellent quality, that through the appropriateness of the aesthetic and technological features and their specific functions manages to achieve a simple, unconventional interpretation of the most general functions of the motor car, even mass produced models...".

Zagato was once more keeper of the flame of functionalist design in the automotive sector.

ANNI 50

Aston Martin DB4 GT Zagato

Al Motor Show di Londra, nell'ottobre 1960, Zagato presenta due prototipi sportivi: una AC Bristol 407 Z e una Aston Martin DB4 GT Zagato. Quest'ultima, voluta dalla Casa di Newport Pagnell per essere più competitiva contro la Ferrari GTO, si rivela una vettura di grande pregio, elegante e di eccellente stile. Commissionata da Bepi Koelliker, allora concessionario Aston Martin di Milano, subito dopo la presentazione entra in listino e viene prodotta per due anni, in diciannove esemplari, con un motore da 314 CV, più potente della DB4 di serie; il peso ridotto e la sua carrozzeria aerodinamica le consentono di raggiungere facilmente le 150 miglia orarie. Benché altri carrozzieri come Touring, Ghia, Bertone e Pininfarina si siano messi a confronto con il design di una Aston Martin, solo la carrozzeria Zagato, grazie a questa DB4, ha potuto godere di una risonanza e di un legame "privilegiato" con il marchio inglese, destinato, vent'anni dopo, a dare nuove emozioni con le creazioni Aston Martin Vantage Zagato e Volante Zagato, costruite rispettivamente in 50 e 33 esemplari numerati, e nel 2002-2003 con la DB7 Zagato e la American Roadster One, costruite in 99 esemplari ciascuna.

The Motor Show held in London on the October of 1960 was the setting for the presentation of two new Zagato sporting prototypes: the AC Bristol 407 Z and the Aston Martin DB4 GT Zagato. This last, built at the behest of the Newport Pagnell firm in order to be more competitive against the Ferrari GTO, proved to be a fabulous car, elegant and beautifully styled. Commissioned by Bepi Koelliker, then the Milan Aston Martin dealer, the DB4 GT Z was offered for sale immediately after its presentation, with 19 examples produced over two years. The 314 hp engine was more powerful than that of the standard DB4 and combined with a reduced overall weight and aerodynamic coachwork permitted the car to reach top speed of 150 mph. Although other coachbuilders such as Touring, Ghia, Bertone and Pininfarina tackled the Aston Martin theme, thanks to this DB4 only the Zagato enjoyed such privileged association with the English brand, destined twenty years later to stir new emotions with the Aston Martin Vantage and Volante Zagato, of which 50 and 33 examples were built, and in 2002-2003 with the DB7 Zagato and American Roadster One, each built in 99 examples.

ANNI 50

1952 Fiat 8V Zagato

1954 Maserati A6G Zagato

1957 Ferrari 250 GT Zagato

Elio Zagato

Memorabile la vittoria conquistata da Elio Zagato nel 1955 sul circuito dell'Avus con la Fiat 8V Zagato, contro due Alfa Romeo 1900 SS Zagato ed una squadra di dodici Porsche 356. I trionfi di Elio accompagnano il rilancio della Zagato quale carrozzeria sportiva vincente sulla scena automobilistica internazionale del dopoguerra.

In 1955 Elio Zagato scored a memorable victory at the Avus circuit, where at the wheel of the Fiat 8V Zagato he got the better of two Alfa Romeo 1900 SS Zagatos and a swarm of twelve Porsche 356s. Elio's triumphs were accompanied by the re-launch of Zagato as a successful coachbuilder on the international post-war motor sport scene.

Adolfo Orsi

Nel 1937 gli fu proposto di acquistare la Maserati, piccola azienda bolognese di automobili da corsa e candele, che terrà fino al 1968. Il suo rapporto con Zagato sarà prolifico e costante. Seguiranno la Maserati 450S di Stirling Moss, la 1500 Panoramica del '48, la Berlinetta A6G54, anche spider, ed il prototipo 3500GT Zagato.

In 1937 the acquisition of Maserati was offered to him, a small company from Bologna which manufactured race cars and spark plugs. He kept the company until 1968, where throughout this time his relationship with Zagato was a prolific and long-lasting one. Zagato designed Sir Stirlig Moss' Maserati 450S, the 1948 1500 Panoramica, the Berlinetta A6G54 (spider version also), and the 3500GT Zagato prototype.

Fabio Luigi Rapi

Ingegnere e progettista dell'Isotta Fraschini, collaborò a lungo con Ugo Zagato nei progetti Isotta Fraschini Monterosa e poi Ferrari 250 GT Zagato. Cinque Gentlemen Drivers commissionarono all'Atelier Zagato questa versione della 250GT, che è divenuta oggi leggendaria tra i collezionisti, raggiungendo i massimi rating di valutazione.

Fabio Luigi Rapi, engineer and designer of the Isotta Fraschini, collaborated for a long time with Ugo Zagato. Together they created the Isotta Fraschini Monterosa and the Ferrari 250GT Zagato. Five Gentlemen Drivers ever ordered this version of the Ferrari 250 GT by Zagato Atelier. Today the car has become a legend among collectors and has reached record-high valuations.

ANNI 50

1959 Lancia Appia GTE Zagato

1960 Alfa Romeo Giulietta Zagato

1960 Fiat Abarth 1000 Zagato

Zagato

Announcement by Carrozzeria la Zagato
Milan Italy

At the 1961 Earls Court Motor Show, Zagato will show their lightweight Aston-Zagato on the race winning D.B.4 G.T. Aston Martin chassis, and their latest Bristol - Zagato G.T. on the recently announced type 407 Bristol 5.2 litre V.8 engined chassis.

BRISTOL ZAGATO GRAND TOURING

Zagato have produced coachwork on race winning and grand touring cars for over 40 years.

Most chassis receive even further strengthening by the Zagato method of construction which consists of welded tubes and light aluminium panelling.

Zagato designs are always windcheating with the smallest frontal area and lightest possible weight.

Zagato have produced coachwork on ABARTH, ALFA ROMEO, ASTON MARTIN, FIAT, LANCIA, OSCA and other chassis.

Manufacturers and others interested in our coachwork are invited to contact our sole concessionaires and agents in this country who are:—

ANTHONY CROOK MOTORS LTD.
THE ROUNDABOUT, HERSHAM, SURREY (20 mins. Waterloo)
TELEPHONE: WALTON-ON-THAMES 28822 (12 LINES)

ANNI 50

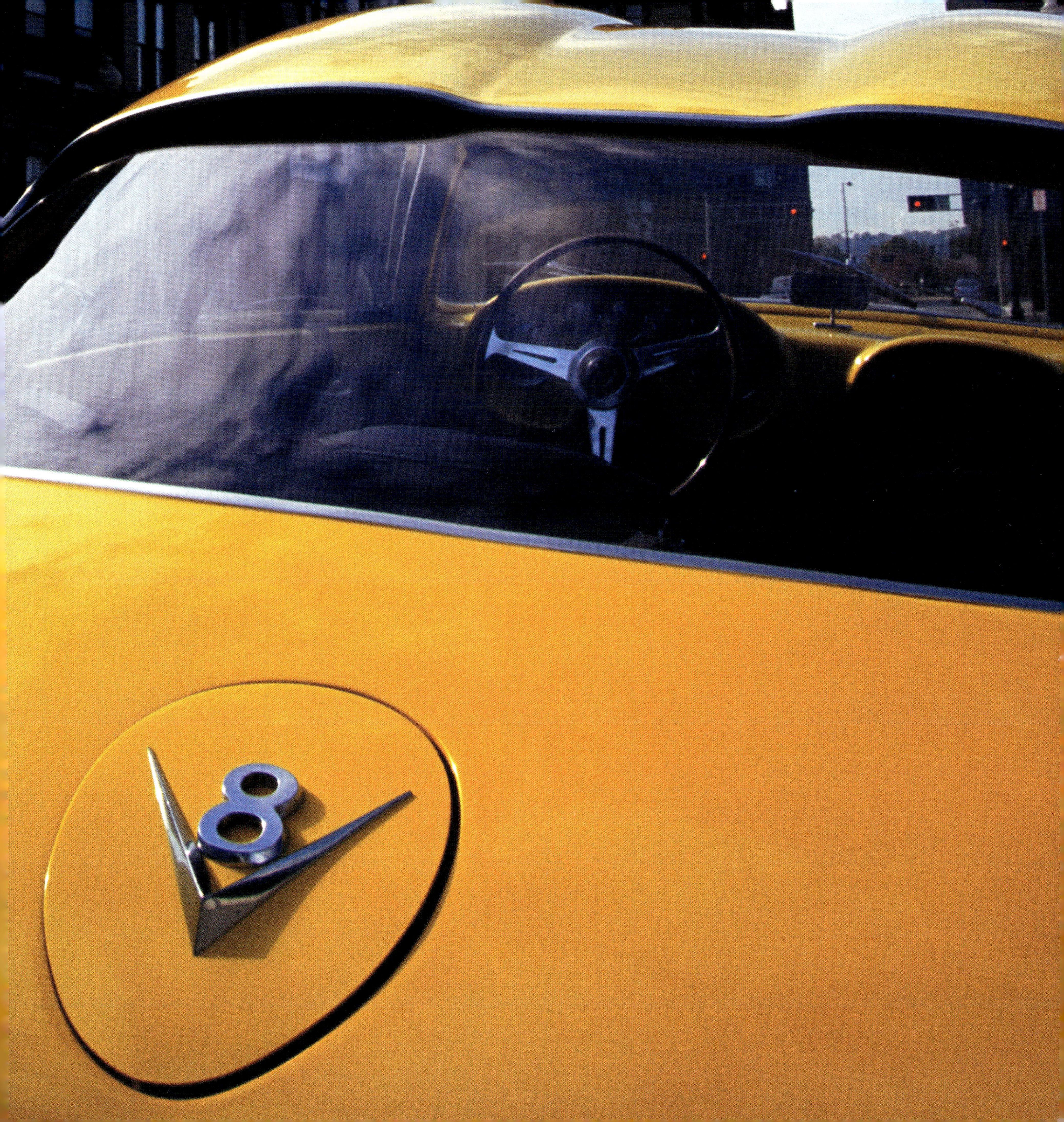

ANNI 60

Ugo Zagato - Terrazzano di Rho

Auto Fuoriserie

Lancia Flaminia Super Sport Z

I successi di pubblico e di critica ottenuti con le versioni Zagato della Lancia Appia Sport e della Flaminia Sport - progetti nati alla fine degli anni '50 - nonché con l'Alfa Romeo Giulietta SZ del 1960, convincono Elio Zagato a costruire un nuovo e più moderno stabilimento, divenuto ormai indispensabile per poter dare un futuro alla sua azienda.

Questi sono infatti anni di trasformazione, che impongono, per far fronte alle sempre più consistenti richieste di carrozzerie speciali, il passaggio da una dimensione tipicamente artigianale a una produzione di tipo semi-industriale.

La nuova sede viene individuata a Terrazzano di Rho, nei pressi di Arese, accanto alla nuova area dell'Alfa Romeo. Studiare carrozzerie speciali, da montare in serie su meccaniche e interni forniti dai costruttori, è la missione cui si dedica in questi anni la carrozzeria Zagato.

Grazie al legame di amicizia con Alberto Ascari, che presenta Elio in Lancia, Zagato riesce a inserire nel listino della Casa di Chivasso, allora di proprietà di Carlo Pesenti, tutte le versioni denominate "Sport"; termine, questo, riservato in esclusiva al carrozziere milanese. La collaborazione tra Elio Zagato e il professor Antonio Fessia, direttore generale Lancia, durerà otto anni. La Zagato può contare ormai su una clientela d'élite, di intenditori, di autentici appassionati che acquistano una vettura con la saettante Z per la sua carrozzeria e per le sue particolari doti di estrema funzionalità, prescindendo dal motore e dalle parti meccaniche.

The appreciation shown by public and critics alike for the Zagato versions of the Lancia Appia Sport and the Flaminia Sport, designed at the end of the 50s, and the 1960 Alfa Romeo Giulietta SZ, convinced Elio Zagato to build a new and more modern factory that would guarantee the future of his company.

This was, in fact, a period of transition, and the ever-greater demand for special bodies required a passage from a craft- to an industrially-based organization.

New premises were found at Terrazzano di Rho, near Arese, alongside what was to become the new Alfa Romeo factory.

Designing special bodies to be assembled in series and fitted with mechanical organs and interiors supplied by major constructors was the mission to which the Zagato coachbuilding firm dedicated itself in this period, thanks to Elio Zagato's friendship with Alberto Ascari, who introduced him to Lancia.

The Chivasso-based company was then owned by the financier Carlo Pesenti of Bergamo, and Zagato was exclusively commissioned to produce all the "Sport" versions listed in the Lancia catalogue. The collaboration between Elio Zagato and Professor Antonio Fessia, the Lancia managing director, was to last eight years.

Zagato could now count on an elite clientele of connoisseurs, true enthusiasts who bought a car with the lightning Z badge because of its coachwork and its extreme functionality, irrespective of the engine and other mechanical organs.

ANNI 60

Lancia Flaminia Super Sport Zagato

Nel 1964 Marcello Mastroianni ritira, direttamente dalla carrozzeria Zagato, la sua Lancia Flaminia Super Sport colore testa di moro, il suo più grande amore in campo automobilistico. Derivata dalla Flaminia GT del 1959, cui seguì la versione Sport del 1960, la Super Sport è caratterizzata dagli interventi stilistici ideati da Ercole Spada, designer della Zagato dal 1960 al 1969, sui fanali anteriori, sul parabrezza, sul padiglione e sulla coda tronca che migliorava notevolmente l'aerodinamica. Molti temi di design che Zagato adotterà negli anni successivi sono già presenti in questa fuoriserie che stupisce ancora per l'eleganza e la modernità della sua linea. Rivista oggi accanto alla Flaminia di serie, la Super Sport rappresenta la migliore sintesi della filosofia Zagato, che affida alla funzionalità, in antitesi con la moda formale dell'epoca, il compito di disegnare le linee delle sue vetture.
Scrive di Zagato il periodico "Stile Industria": "Ha costituito sempre un punto di riferimento obbligato in questi anni in cui la moda seguita dalle industrie andava contro la buona efficienza, in nome di una stilizzazione giustificata quasi solo da motivi formali".

In 1964 Marcello Mastroianni personally took delivery of his dark brown Lancia Flaminia Super Sport, his greatest automotive love, from the Zagato works. Derived from the 1959 Flaminia GT, which was followed by a Sport version in 1960, the Super Sport featured styling changes introduced by Ercole Spada, Zagato's designer from 1960 to 1969. The modifications involved the headlights, the windscreen, the upper body and the cut-off tail that notably improved the car's aerodynamic efficiency. Many of the design themes Zagato was to adopt over the next few years were already present in a design that still manages to turn heads thanks to its elegance and stylistic modernity. Re-examined today alongside the standard Flaminia, the Super Sport represents the best synthesis of the Zagato philosophy that entrusts functionality rather than the formal trends of the moment with the task of defining the lines of his cars.
The periodical "Stile Industria" wrote of Zagato, "he has always represented an obligatory point of reference in these years in which the fashion followed by the manufacturers has gone against efficiency in the name of styling justified almost solely by formal motivations".

ANNI 60

1960 O.S.C.A. 1600 GT Zagato

1963 Lancia Flavia Sport Zagato

1965 Lamborghini 3500 GT Zagato

I Fratelli Maserati

Venduta la società Maserati alla Famiglia Orsi, i fratelli Maserati costituiscono nel 1947 la O.S.C.A. (Officina Specializzata Costruzione Automobili). Sin dagli esordi, coinvolgono Zagato con il favoloso prototipo O.S.C.A. 12V 4500 del 1953 e, dopo i primi successi nelle corse, negli anni Sessanta, nel fortunato progetto 1600 GTZ.

With the original firm having been sold to the Orsi family, in 1947 the Maserati brothers founded O.S.C.A. (Officina Specializzata Costruzione Automobili). Since the very beginning, they brought in Zagato to work with the fabulous prototype O.S.C.A. 12V 4500 of 1953 and, after early competition success, in the 1960s on the successful 1600 GTZ project.

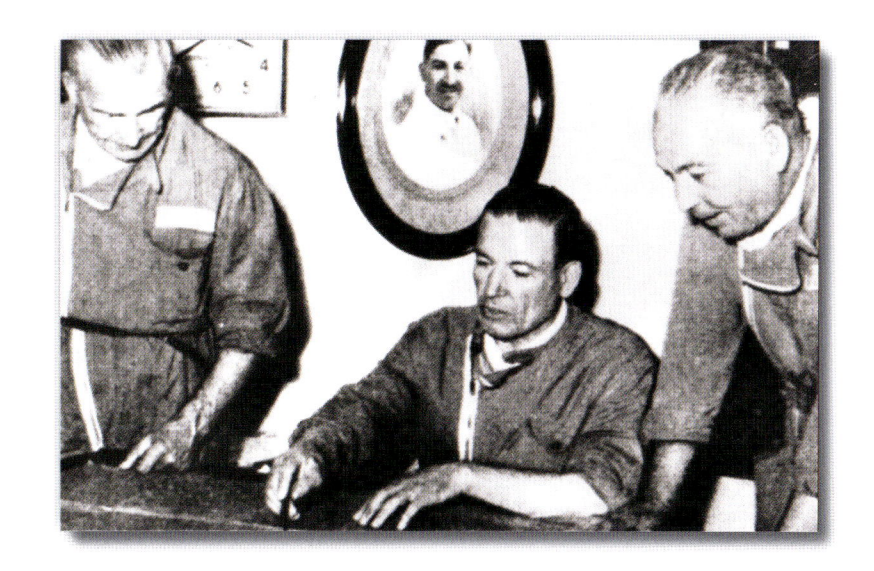

Antonio Fessia

Il Professor Fessia collabora nel 1955 con Vittorio Jano al progetto Appia e viene poi promosso capo dell'Ufficio Tecnico Lancia, dove rimarrà durante tutta la gestione di Carlo Pesenti coinvolgendo sistematicamente Zagato su tutte le versioni "Sport".

Professor Fessia had worked with Vittorio Jano on the Appia project in 1955 before being promoted to head of the Lancia Technical Office, where he was to remain during all Carlo Pesenti's reign. He called on Zagato to systematically contribute to all the Lancia "Sport" versions.

Ferruccio Lamborghini

Ferruccio Lamborghini e Paolo Stanzani, allora direttore tecnico della Casa di Sant'Agata Bolognese, presentano la 3500GTZ al London Motor Show del 1965. Il prototipo, telaio 0310, diventerà la vettura personale di Stanzani e sarà immediatamente seguito da un secondo esemplare.

Ferruccio Lamborghini and his Technical Director Paolo Stanzani presented their Lamborghini 3500GTZ at 1965 London Motor Show. The first prototype, chassis number 0310, became his personal car during that time and had been followed by a second sample.

ANNI 60

1964 Alfa Romeo Giulia TZ2

1965 Lancia Fulvia Sport Zagato

1967 Lancia Flavia Super Sport Zagato

DAL 1919 VETTURE DI GRAN TURISMO
ADATTE ANCHE PER LE GITE CON LA FAMIGLIA

CARROZZERIA zagato società per azioni

STABILIMENTO
terrazzano di rho
VIA ARESE - TEL. 939335-6-7

ANNI 60

GIULIA TZ

ANNI 70

Cadillac Nart Zagato

Auto Geometriche

Ferrari 3Z Spider

Nel corso degli anni Settanta, la società moderna viene influenzata dalla cosiddetta "rivoluzione culturale" cinese, con conseguenze dense di significato a livello di costume, mentalità, organizzazione e vita economica di ogni Stato. L'automobile, in quanto oggetto simbolo della libertà individuale, non è ideologicamente ben vista dagli ambienti culturali più influenti. I professori universitari si muovono orgogliosamente in bicicletta e in tram, e gli uomini di cultura guardano con sufficienza chi ambisce all'automobile.

In questo quadro politicamente agitato i designer italiani finiscono per proporre forme di auto meno coinvolgenti, sottotono, per non enfatizzare il lato artistico ed emozionale del prodotto. In questi anni, alla Zagato è iniziata la produzione dell'Alfa Romeo Junior Z, la versione Sprint del carrozziere milanese su meccanica della Giulia GT, esposta per la prima volta al Salone dell'Auto di Torino del 1969 e destinata a dettare legge nel settore del design dell'epoca per la sua caratteristica linea a cuneo. Zagato non si convertirà mai alle forme a scatola, agli spigoli vivi e alla concezione dell'automobile unicamente quale mezzo di trasporto, quale prodotto che si limita a rispondere al mero bisogno di mobilità.

Nata con cilindrata 1300 e inserita subito nei listini ufficiali Alfa Romeo, la Junior Z viene prodotta a partire dal 1972 nella versione 1600 in 402 esemplari. In risposta alla crisi petrolifera e in opposizione alle tendenze irrazionali e anti-funzionaliste del periodo, Zagato propone inoltre le prime auto elettriche di produzione.

During the 1970s, modern society was influenced by China's so-called "cultural revolution", with consequences of great significance in terms of the customs, mentalities, organization and economic lives of every state.

As a symbol of individual liberty, the motor car was ideologically unpopular in the most influential cultural circles. University professors would ostentatiously cycle and take the tram and men of culture would look down on those who yearned for a car. Within this politically turbulent framework, Italian designers eventually proposed less dramatic, subdued cars that avoided emphasising the artistic and emotional side of the product.

In this period, Zagato began production of the Alfa Romeo Junior Z, the Milanese coachbuilder's Sprint version of the Giulia GT, exhibited for the first time at the Turin Motor Show in 1969 and destined to establish the ground rules for the sector with its wedge shaped profile. Zagato would never be converted to the box-like forms and the sharp edges of cars conceived exclusively as means of transport, as a product responding solely to the demand for mobility.

Initially produced with a 1300 cc engine and immediately featuring in the Alfa Romeo catalogue, from 1972 the Junior Z was also produced in 1600 cc form. Only 402 were made. In response to the oil crisis and in opposition to the irrational and anti-functionalist trends of the era, Zagato also proposed pioneering electric production cars.

ANNI 70

Ferrari 3Z Spider

Presentata al Salone dell'Auto di Torino del 1971, la vettura nasce, come tante altre Zagato, da un'intesa tra amici.
Per la Ferrari 3Z l'amico è Luigi Chinetti, rappresentante della Ferrari in America, che finanzia questo spider dalle forme decisamente spigolose, quasi squadrate nel frontale e nella coda, che porta la firma di Giuseppe Mittino, dal 1970 responsabile dei progetti e del design Zagato.
L'elemento decisamente più caratterizzante è rappresentato dalla palpebra mobile con feritoie, che simile alla celata di un antico guerriero nasconde i gruppi ottici anteriori.
Di questo 12 cilindri spider, su telaio 250 coupé, che presenta una soluzione modernissima per la presa d'aria del radiatore anteriore, la "Gazzetta dello Sport" scrive: "Stilisticamente la vettura risponde all'estetica di Zagato, che vuole strutture funzionali in un design semplice, privo di elucubrazioni stilistiche".
Importata da Luigi Chinetti negli Stati Uniti, la vettura, in esemplare unico, viene venduta il giorno stesso della presentazione ed è inoltre eletta "Best Ferrari of America".

Presented at the 1971 edition of the Turin Motor Show, like many other Zagato designs this car was born out of an understanding between friends. In the case of the Ferrari 3Z, the friend in question was Luigi Chinetti, the Ferrari representative in America who financed the decidedly angular spider with its almost square-cut nose and tail. It was penned by Giuseppe Mittino, Zagato's chief designer from 1970, and the principle feature of the design was the slotted mobile brow that, like the helmet of an ancient warrior, concealed the headlights.
Of this 12-cylinder spider, based on 250 Coupe Chassis, which also featured a very modern front air intake design, the "Gazzetta dello Sport" wrote, "stylistically the car responds to the Zagato canon based on functional structures in a simple design free of stylistic excess". Imported to the United States by Luigi Chinetti, the one-off car was sold, the very day it was presented and was, moreover, voted "Best Ferrari of America".

ANNI 70

1972 Milanina Elettrica

1972 Milanina Elettrica

1974 Bristol 412 Zagato

1980 Lancia Beta Zagato

Gianni Zagato

Gianni, fratello minore di Elio, è l'artefice della svolta industriale della Zagato. La carrozzeria milanese arriverà a produrre 15 vetture al giorno con un nuovo impianto di verniciatura, abbigliamento e cataforesi. Grazie alla sua sensibilità per l'ecosistema, verranno realizzate ed esportate in America più di 500 vetture elettriche marchiate "Zele".

Gianni, the younger brother of Elio Zagato, was responsible for the firm's industrial transformation. The Milanese coachworks raised its output to 15 cars a day with a new electrophoresis paint and trimming shop. Thanks to his sensitivity for the ecological problem, more than 500 electric vehicles have been manufactured and exported to the USA with Zele sub-brand.

Anthony Crook

Anthony Crook, ex pilota RAF, è proprietario, presidente e unico concessionario della Bristol, la marca automobilistica più esclusiva del Regno Unito. I rapporti tra questo eclettico personaggio e Zagato iniziano a fine anni '50 con i prototipi Bristol Silver City e Gran Touring, per proseguire negli anni '60 sui telai 406 e 407. Nel 1976 viene realizzata la 412 Convertibile Zagato.

Anthony Crook, a former RAF pilot, was the owner, president and concessionaire of Bristol, the United Kingdom's most exclusive automotive brand. Relations between this eclectic figure and Zagato were initiated at the end of the '50s, with Bristol Silver City and Gran Touring prototypes and followed in the '60s on chassis 406 and 407. In 1967 the 412 Convertible Zagato was produced.

Giuseppe Mittino

Designer Zagato dal 1970 al 1985, Mittino è responsabile del primo modello di auto elettrica, la Milanina, realizzata per la Fiera di Milano del 1972, della Zele, prodotta dal 1973, della Bristol 412, della Fiat Aster 132, delle Ferrari 3Z Spider e 330 GTC, e della Lancia Beta Sport Spider nata in collaborazione con Pininfarina.

Zagato's Chief designer from 1970 to 1985, Mittino was responsible for the first electric model, the Mìlanina, made for the Milan Fair in 1972, for the Zele, made from 1973, for the Bristol 412, for the Fiat Aster 132, for the Ferrari 3Z Spider and 330 GTC, and for the Lancia Beta Sport Spider, born in collaboration with Pininfarina.

ANNI 70

1969 Alfa Romeo Junior Zagato 1300

1970 Volvo 3000 GT Zagato

1972 Fiat 132 Aster Zagato

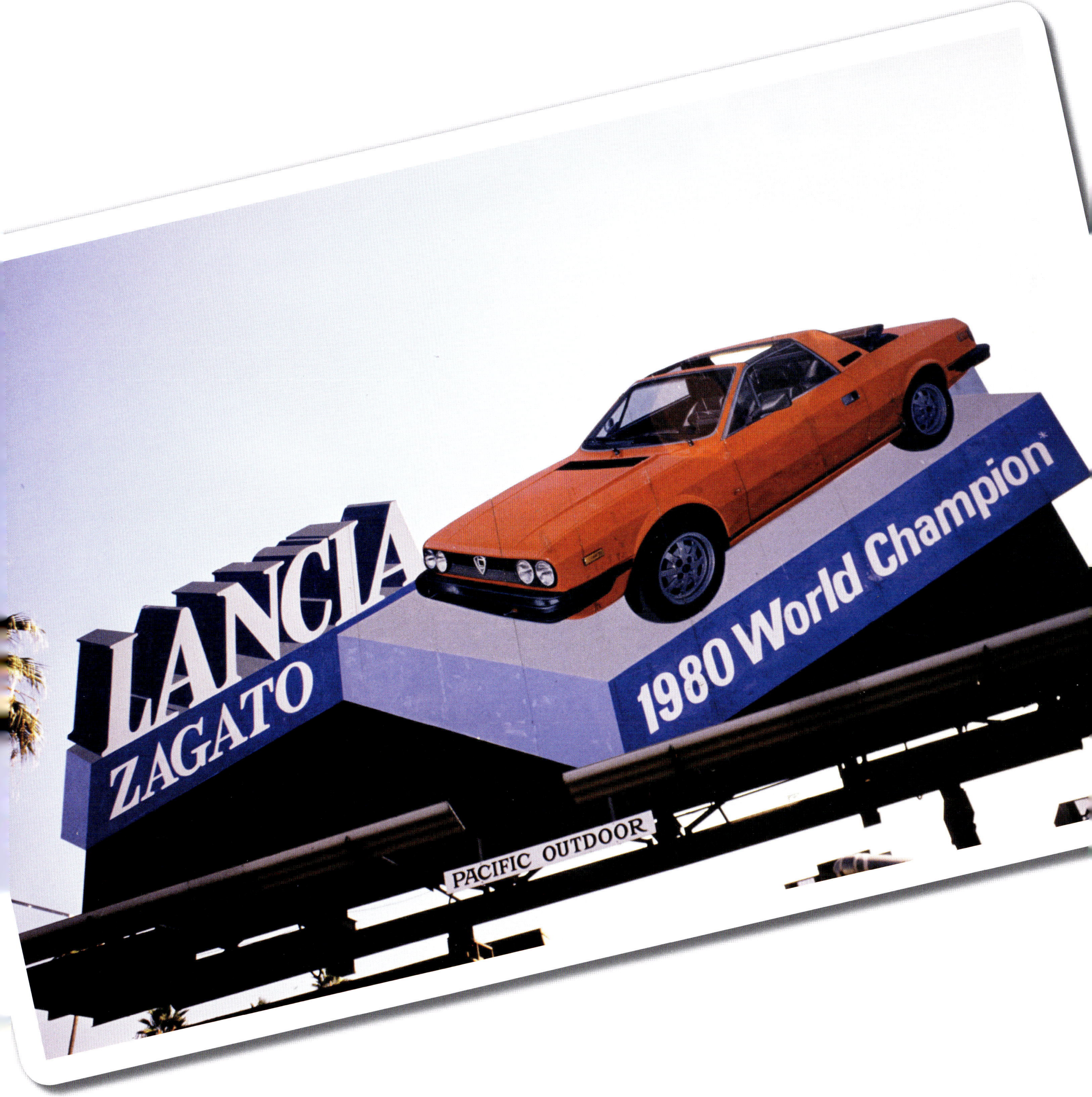
LANCIA
ZAGATO
1980 World Champion*
PACIFIC OUTDOOR

ANNI 70

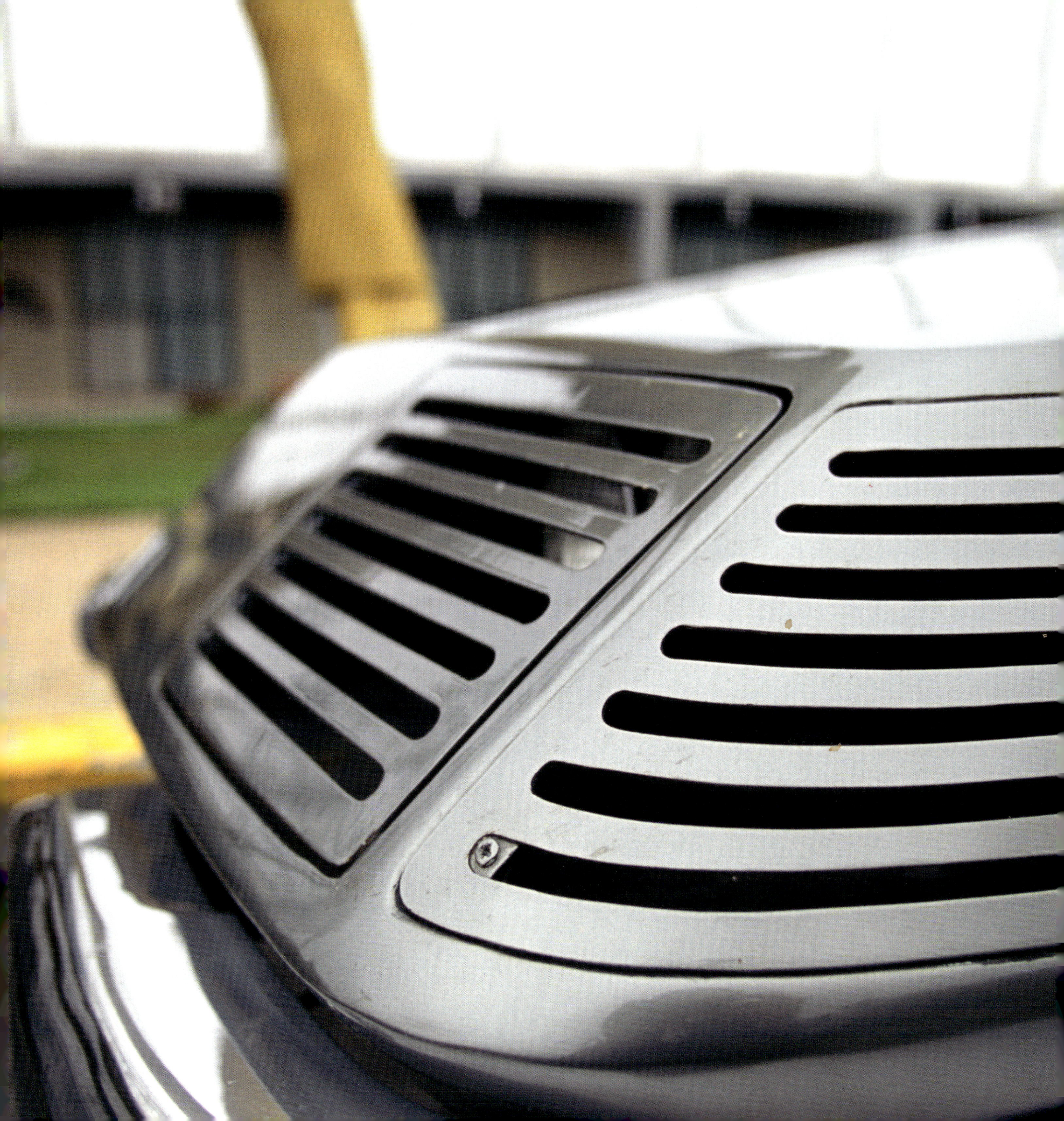

ANNI 80

Alfa Romeo S.Z.
CAD
Computer Aided Design

Alfa Romeo S.Z.

La crisi energetica che aveva investito il settore automobilistico nel decennio precedente - nel 1973 e poi nel 1979 la cosiddetta guerra del petrolio sconvolse le attività produttive dei maggiori Paesi industrializzati - sembra ormai superata: il clima di generale recessione è alle spalle e si respira una nuova ventata di ottimismo.

La favorevole congiuntura economica suggerisce la produzione di vetture status symbol, oggetti di lusso che sottolineino la condizione di chi li acquista e che soddisfino una domanda sempre più segmentata. Di fronte alla richiesta di spider e coupé esclusivi, ecco nascere la proposta di serie limitate e numerate.

Le Aston Martin Vantage Zagato - 50 esemplari numerati, venduti prima ancora che l'auto venisse presentata ufficialmente - e Volante Zagato, prodotta in 33 esemplari numerati, sono la massima espressione di questo clima economico e commerciale. Il marchio Zagato, da sempre legato a versioni coupé e spider alte di gamma, che negli anni mantengono il loro valore di acquisto, fa così rinascere le collaborazioni con Aston Martin, Maserati e Alfa Romeo: il carrozziere milanese firma infatti la versione spider e Karif della Maserati Biturbo (1984), e per la Casa del Biscione il coupé S.Z. (1989) e la versione roadster R.Z. (1992), nate entrambe dalla prima applicazione del processo CAD al settore dell'auto.

La scelta funzionalista, che ispira la creazione delle vetture con la Z saettante, dà luogo a prodotti "a ciclo di vita lungo", che non si deprezzano e che rimangono attuali: il marchio Zagato continua ad essere sinonimo di valore aggiunto.

The energy crisis that had struck the automotive sector in the previous decade, - where the oil wars disrupted manufacturing activities of the major industrialised nations in 1973 and then again in 1979 - appeared finally to have been overcome. The general climate of recession had passed and a new wind of optimism was blowing.

This favourable economic situation encouraged the production of status symbol cars, luxury objects that underlined the position of those who bought them and satisfied an increasingly segmented demand. The demand for exclusive spiders and coupes led to the creation of limited, numbered editions.

The Aston Martin Vantage and Volante Zagato - 50 numbered examples, all sold before the car had even been officially presented, and 33 numbered examples produced respectively, were the highest expression of this economic and commercial climate. The Zagato badge, long associated with quality coupe and spider versions that held their value over the years, thus revived collaborations with Aston Martin, Maserati and Alfa Romeo: the Milanese coachbuilder in fact designed the open-top and Karif version of the Maserati Biturbo (1984), and the S.Z. coupé (1989) and the R.Z. roadster version (1992) for Alfa, both born by the first application of CAD process to automobile.

The functionalist credo that informed the design of cars bearing the lightning Z badge gave rise to "extended life-cycle" products that neither depreciated nor went out of fashion: the Zagato brand is synonymous with added value.

ANNI 80

Alfa Romeo S.Z.

Al Salone dell'Auto di Ginevra del 1989 gli occhi sono puntati sull'Alfa Romeo S.Z., un coupé sperimentale che rinnova la leggendaria immagine sportiva della Casa del Biscione.

L'S.Z., prodotta in poco più di mille esemplari, sarà per molti anni l'ultimo vero coupé Alfa Romeo, a trazione posteriore, simbolo della sportività ostile ad ogni compromesso.

Esso si ricollega alla filosofia dei coupé dall'impronta estremamente caratterizzata, che trova esempi illustri in diverse vetture frutto della storica e tradizionale collaborazione Alfa - Zagato: la 1900 SSZ del 1954, con la sua linea di cintura alta che limita le superfici vetrate, la Giulietta SZ (Sprint Zagato) del 1960, con la sua coda tronca poi ripresa dalla GT Junior Zagato 1300 e 1600, le Alfa Giulia TZ e TZ2 per la loro efficienza aerodinamica, e infine la 2600 SZ del 1965 per la trilobatura abbinata al grande scudo frontale.

Tutt'oggi la vettura, che ha un registro storico e un club dedicato, mantiene il suo valore collezionistico nel tempo.

All eyes at the Geneva motor show of 1989 were turned to the Alfa Romeo S.Z., an experimental coupé that revisited the legendary sporting image of the Milanese manufacturer.

The S.Z., produced in a total of about 1,000 examples, was to be, for many years, the last true rear-wheel drive Alfa Romeo coupé, a symbol of sporting pedigree hostile to any compromise.

It harks back to the philosophy of the extreme coupés that distinguish the historic Alfa - Zagato relationship: the 1900 SSZ from 1954, with its high belt line delineating the glazed area, the Giulietta SZ (Sprint Zagato) from 1960, with its cut-off tail that was later adopted on the GT Junior Zagato 1300 from 1969, the Alfa Giulia TZ and TZ2 for their aerodynamic efficiency and, lastly, the 2600 SZ from 1965 for its tri-lobate motif combined with a large Alfa shield grille.

Today the SZ has its dedicated register and maintains its collectibles value.

ANNI 80

1983 Alfa Romeo Zeta 6

1984 Maserati Biturbo Spider Zagato

1986 Aston Martin Vantage Zagato

Vittorio Ghidella

Con l'Alfa Romeo Zeta 6, uno studio di linee su telaio GTV, in controtendenza reintroduce linee tondeggianti in un periodo in cui ancora trionfano le geometrie più esasperate e gli spigoli. Questa proposta e la successiva Tempo Libero convincono l'amministratore delegato di Fiat auto ad affidare a Zagato il progetto sperimentale ES 30 (S.Z.).

The Alfa Romeo Zeta 6 was a styling exercise based on the GTV chassis that reintroduced rounded lines in a period in which extreme geometry and hard edges still dominated the market. This prototype and the following Tempo Libero, convinced Fiat's Automotive division's CEO Vittorio Ghidella to commission Zagato for the experimental project ES30 (S.Z.).

Alejandro De Tomaso

Una telefonata di Alejandro De Tomaso e alla Zagato si lavora già ai primi bozzetti della versione spider della Maserati Biturbo (1984). Sarà prodotta in oltre 7.000 esemplari, di cui moltissimi esportati in America e venduti con il marchio Zagato. Direttore tecnico alla Maserati e braccio destro di De Tomaso è l'Ing. Giordano Casarini, oggi direttore tecnico di Zagato e membro del Consiglio.

A phone call from Alejandro De Tomaso led to Zagato working on the first sketches for the spider version of the Maserati Biturbo (1984). Over 7,000 examples were to be produced, with many being exported to America and sold with Zagato badging. Maserati's Chief Engineer and right hand man of De Tomaso was Ing. Giordano Casarini, currently Zagato's Chief Engineer and member of the board.

Victor Gauntlett

CEO della Aston Martin, Gauntlett voleva una vettura d'eccezione, che superasse i 300 km orari. Il miglior rapporto peso/potenza e un CX di 0,29 fanno della Vantage Zagato la Granturismo più veloce del mondo fino a quel tempo prodotta. Il successo di vendita di 50 esemplari più tre prototipi porterà alla realizzazione della versione aperta Volante.

CEO of Aston Martin, Gauntlett demanded an exceptional car capable of over 300 kph. An improved power to weight ratio and a Cx of 0.29 made the Vantage Zagato the world's fastest GT produced to date. The success in the sales of the 50 examples and 3 prototypes would lead to the production of the Volante open version.

ANNI 80

1981 Mini Van Elettrica

1984 Alfa Romeo Tempo Libero

1993 Alfa Romeo R.Z.

These very rare, very expensive, handmade Aston Martin cars share a common bond: Goodyear Eagles.

In 1959, Aston Martin won the 24 Hours of Le Mans for the first time.

Since then, the British auto maker has been winning the hearts and minds of car enthusiasts and 007 aficionados.

A Goodyear Eagle "contact patch." Where an Eagle demonstrates its superiority.

Here are two recent examples of Aston Martin's "license to thrill."

The Aston Martin Group C racer has a 32-valve, 700 horsepower, V-8 powerplant. A six-year, $45 million commitment to racing success. And it uses Goodyear Eagle racing radials. Exclusively.

The 187 mph Aston Martin Volante Zagato comes with a Weber-Marelli fuel-injected V-8. De Dion suspension. Wilton carpeting. Connolly leather. A $275,000 price tag. And Goodyear Eagle street radials. Exclusively.

As Aston Martin knows, there really is a difference in performance tires.

Which is why these rare and expensive Aston Martin cars come exclusively on the world's most successful performance tires: Eagles. Goodyear Eagles.

For a free copy of our 12-page Guide to "Everything you ever wanted to know about performance tires," write The Goodyear Tire & Rubber Company, P.O. Box 9125, Akron, Ohio 44305.

The one-of-a-kind Aston Martin Group C racer. Exclusive tires: Goodyear Eagle racing radials.

The $275,000 limited edition Aston Martin Volante Zagato. Exclusive tires: Goodyear Eagle V speed-rated "Gatorback" street radials.

GOODYEAR
BECAUSE THERE REALLY IS A DIFFERENCE

ANNI 80

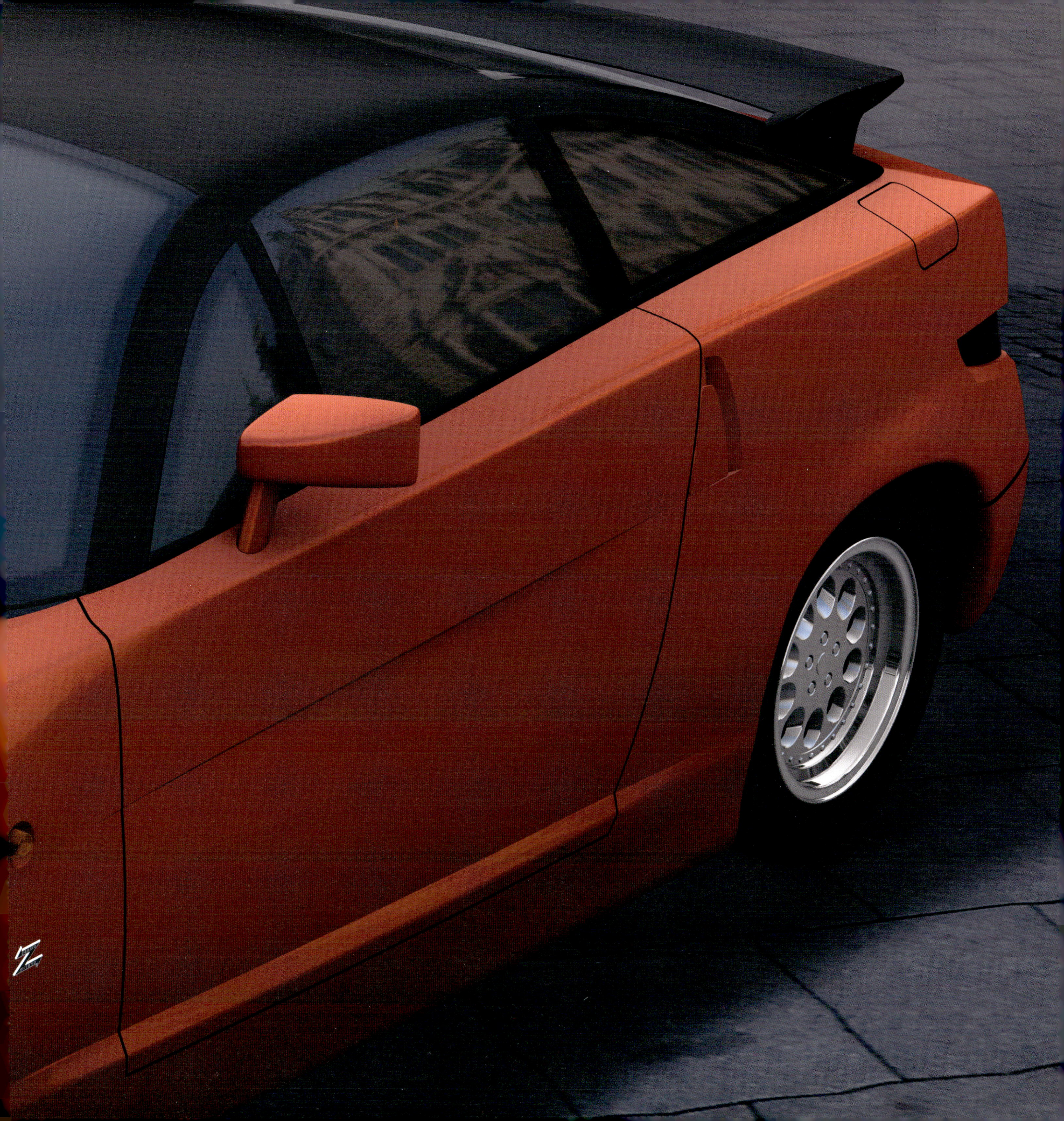

ANNI 90

Fiat Ecobasic

CAM
Computer Aided Manufacturing

Lamborghini Raptor Zagato

In questo decennio si attua una svolta importante per Zagato, dettata dall'esigenza di mantenersi in linea con i nuovi bisogni di un mercato sempre in evoluzione: pur organizzando (dal 1993) un trofeo monomarca per vetture Alfa Romeo S.Z. e R.Z. con finale a Monte Carlo, l'azienda milanese non è più soltanto un Atelier di carrozzeria legata alla produzione di vetture sportive, ma anche un Centro Servizi che opera nel settore allargato del design dei mezzi di trasporto. Alla Zagato si modellano a CAD e si fresano a controllo numerico prototipi e show-car in tutti gli ambiti legati alla mobilità, per conto non solo dei maggiori produttori di automobili ma anche di industrie attive nei settori ferroviario e dei mezzi d'opera.

I servizi integrati di stile, engineering e costruzione modelli e master, prototipi - sempre più richiesti dalle Case automobilistiche e non solo, che ogni anno presentano ai Saloni centinaia di proposte concettuali e di stile - assumono un'importanza crescente per l'azienda milanese.

Nel 1991 e nel 1993 la divisione Design Zagato presenta due show-car Ferrari su base 348 e Testarossa, che introducono stilemi poi ripresi dalla Casa di Maranello, prima sulla F355 e in seguito sulla 360 Modena e sulla Enzo. Nel 1998 la Fiat commissiona a Zagato lo studio e la realizzazione di tre prototipi marcianti con l'importante obiettivo di contenere i consumi di carburante (3 litri/100 chilometri); Ecobasic - questo è il nome del modello che la Casa Torinese presenta al Salone dell'Automobile di Ginevra del 2000 e che viene ritenuto il miglior concept di ricerca - ben si sposa con la tradizionale "filosofia" costruttiva della Zagato, che propone vetture leggere e l'utilizzo di materiali innovativi.

This decade marked an important turning point for Zagato dictated by the need to keep up with the new demands of an evolving market: while it organised (from 1993) a one-brand race series for Alfa Romeo S.Z. and R.Z. with a final held In Monte Carlo. The Milanese company was no longer solely a coachbuilder Atelier, tied to the production of sports cars, but rather a service centre now working in the extended area of transportation design.

Zagato in fact styles and builds prototypes and show cars for all areas of the transportation sector, not only on behalf of car manufacturers but also other firms working in diverse sectors such as railways and industrial vehicles.

Integrated styling, engineering and prototype construction services - increasingly requested by car manufacturers and other firms that each year present hundreds of concept and styling proposals at the various shows - have taken on an increasingly important role within the Milanese firm.

In 1991 and 1993, the Design Zagato division presented two Ferrari show cars based on the 348 and the Testarossa that introduced styling motifs subsequently adopted by the Maranello firm, firstly on the F355 and more recently on the 360 Modena and the Enzo.

In 1998, Fiat commissioned Zagato to design and produce three running prototypes with the important objective of restricting fuel consumption (3 litres/100 kilometres). The Turin-based corporation presented the Ecobasic at the Geneva Motor Show in 2000, where it was judged to be the best research concept.

This vehicle represents a modern interpretation of the traditional Zagato philosophy of lightweight cars utilising innovative materials.

ANNI 90

Lamborghini Raptor Zagato

Rispettando la lunga tradizione di memorabili vetture d'Atelier e show-car, perfettamente funzionanti e quindi guidabili, Zagato realizza la Raptor, con meccanica Lamborghini (V12), su richiesta di Mike Kimberley, allora a capo della Casa di Sant'Agata Bolognese.
Non si tratta di una semplice dream car, ma, come sempre, di una proposta la cui realizzazione in piccole serie può essere fattibile ed omologabile.
Eletta "Best Concept" al Salone di Ginevra del 1996, la Lamborghini Raptor viene realizzata in un lasso di tempo brevissimo (meno di quattro mesi) mediante l'utilizzo di nuove tecnologie applicate al sistema CAD e CAM in modo integrato, che hanno permesso l'eliminazione del passaggio intermedio rappresentato dal modello di stile.
La Raptor è tra i primi esperimenti di utilizzo dei sistemi virtuali a supporto e/o in alternativa alla costruzione di mock-up e concept fisici.

The latest in a long line of memorable, fully functioning and therefore drivable Atelier and show cars, Zagato built the Raptor powered by a Lamborghini V12 at the request of Mike Kimberley, who at that time was heading the Sant'Agata Bolognese company.
This is no mere dream car, but rather, as ever, a feasible proposal for small-scale production that is capable of obtaining type approval.
Elected "Best Concept" at the 1996 edition of the Geneva Motor Show, the Lamborghini Raptor was produced remarkably quickly (less than four months) thanks to the use of new integrated technology applied to the CAD/CAM system that allowed the intermediate styling buck phase to be eliminated.
The Raptor represents one of the first experiments in the use of virtual systems in support of and/or in alternative to the construction of mock-ups and concept cars.

ANNI 90

1992 Lancia Hyena Zagato

1992 Nissan Bambù Zagato

1993 Ferrari F.Z. 93

Andrea Zagato

Il primo progetto interamente sviluppato da Andrea, figlio di Elio, è la Hyena Zagato, su meccanica Lancia Delta HF Evoluzione, di cui verranno prodotti 24 esemplari numerati. Sarà questo il primo passo verso la riconversione della Zagato da assemblatore ad Atelier e Centro Stile.

The first project to be entirely developed by Andrea, the son of Elio, was that of the Hyena Zagato, based on the Lancia Delta HF Evoluzione. 24 numbered examples were produced. This was to be the first step towards the revival of Zagato as an assembly company to an Atelier and Design Centre.

Shinikiko Sakurai

È autore del progetto Nissan Skyline, con il quale raggiunse in Giappone una fama pari a quella di Enzo Ferrari in Italia. A lui si deve la collaborazione con Zagato per le Nissan Stelvio e Gavia, nate alla fine degli anni '80, e per il progetto dei prototipi gemelli Seta e Bambù del 1992, entrambi su Nissan 300 ZX.

Sakurai was responsible for the Nissan Skyline project that brought him a degree of fame in Japan equivalent to that of Enzo Ferrari in Italy. He worked with Zagato at the end of the 80s, on the Nissan Stelvio and Gavia, and for the project of the twin prototypes Seta and Bambù in 1992, both based on the Nissan 300 ZX.

Ercole Spada

Un ritorno alle origini per il designer che nel 1960 aveva iniziato la sua carriera presso la carrozzeria milanese a soli 18 anni. Dopo due anni di permanenza (1993-1994), nei quali firma la Ferrari F.Z. 93, lascia la gestione al suo migliore allievo: Norihiko Harada, al quale si devono tutte le linee delle Zagato dal 1995 ad oggi.

Returning to Zagato was like coming home for the designer who had begun his career at the Milanese coachworks in 1960 at only 18 years of age. After a two-year spell (1993-1994), during which he signed the Ferrari F.Z. 93, he handed over the reins to his most promising protegé, Norihiko Harada, who has been chief designer at Zagato from 1995 to the present day.

ANNI 90

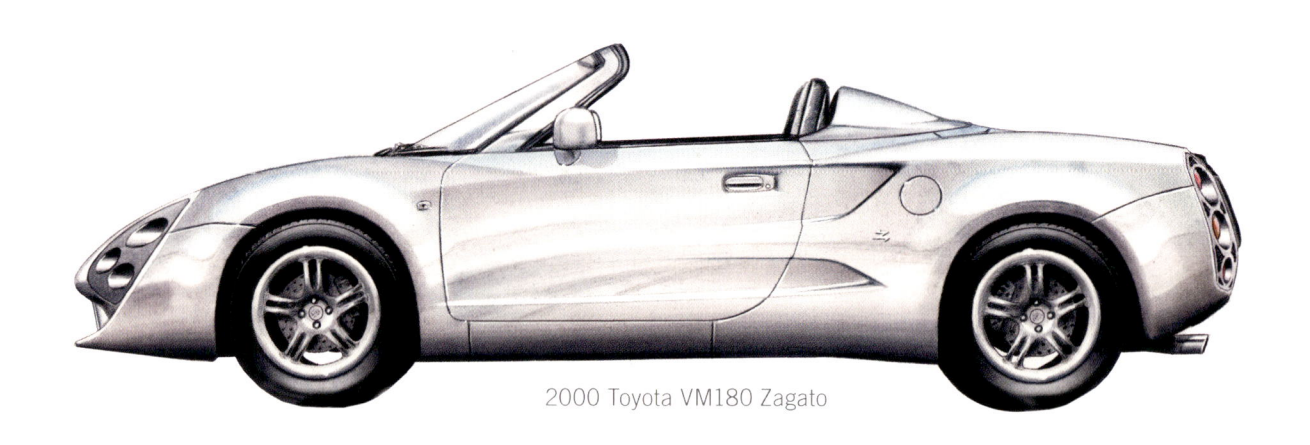

2000 Toyota VM180 Zagato

1998 Audi Zuma Zagato

1998 Lamborghini Super Diablo Zagato

TOYOTA

ANNI 90

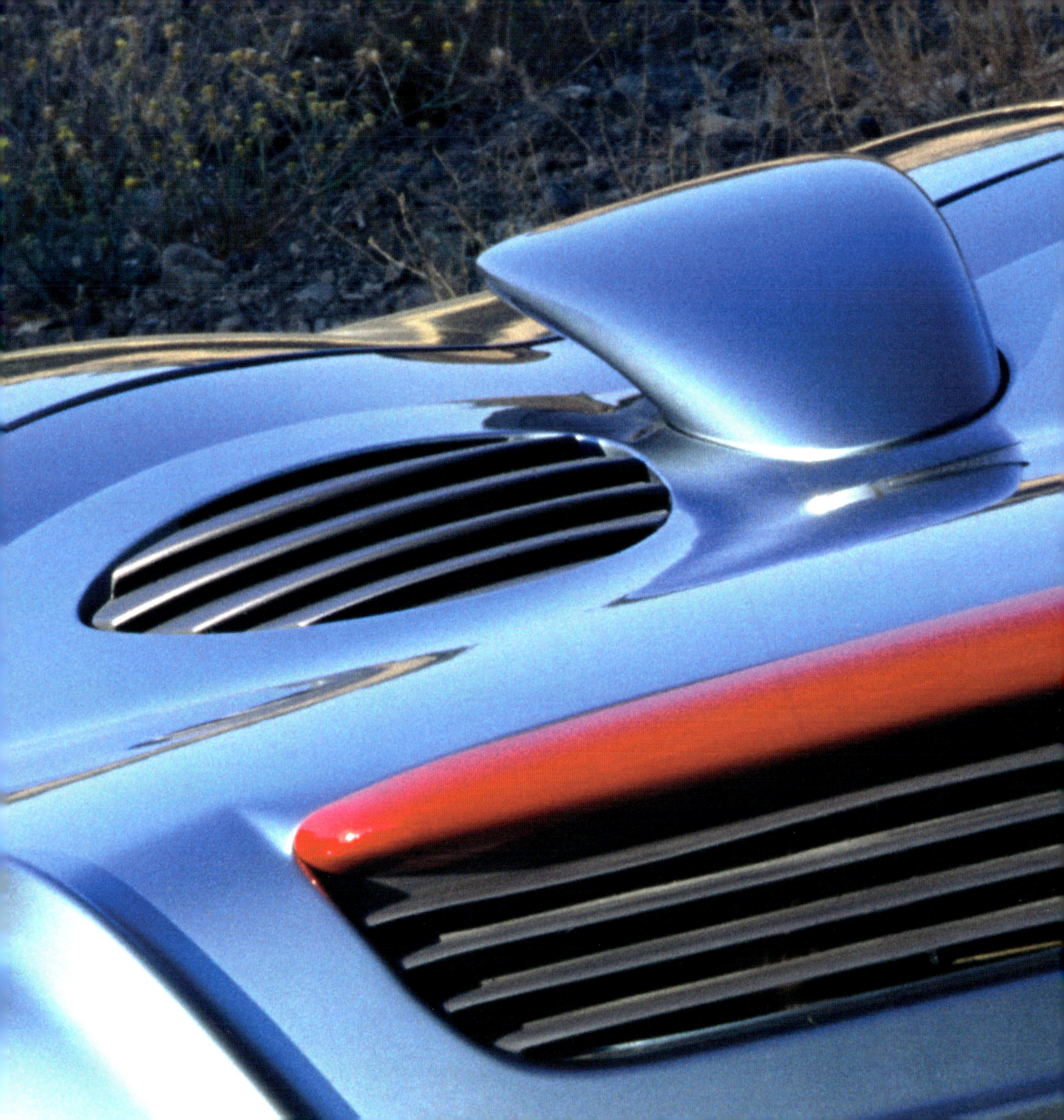

ANNI 00

Maserati GS Zagato | Diatto Ottovù Zagato | Ferrari 575 GT Zagato | Aston Martin DB7 Zagato

Auto Neoclassiche

Spyker C-12 Zagato

Motion and Emotion. Questa l'ispirazione di Zagato per il decennio Neoclassico, in cui il prodotto automobile, ormai maturo, perde la sua originaria connotazione ludico-emozionale. La standardizzazione tecnologica offre automobili perfette ma eccessivamente omologate per forme e contenuti. L'obsolescenza programmata detta le leggi di un'industrializzazione massificata che lascia poco spazio alle specifiche del cliente. Il mercato assume la forma di una clessidra, i cui estremi caratterizzano le aree in cui competere: low cost, quella inferiore, alla base della clessidra, in cui si sfidano le Case automobilistiche "mass production"; lusso "made in Italy" nella parte alta, dove unicità e personalizzazione diventano i fattori competitivi. Leader della clessidra per la realizzazione di abiti su misura, l'Atelier Zagato realizza multipli d'autore, per selezionati gentlemen driver, celebrando l'epopea delle berlinette dei primi anni '50. Progetti speciali per Aston Martin, Bentley, Ferrari, Maserati, Spyker e Diatto consolidano il valore del marchio nella realizzazione di fuoriserie su misura, quasi sempre coupé 2 porte 2 posti. Come nei precedenti 90 anni, Zagato si concentra sui volumi e non sui dettagli. Il prodotto finale trasmette alti contenuti emotivi. L'attenzione per i volumi, misteriosi e coinvolgenti, fa di queste serie limitatissime "timeless beauties", nonché investimenti sicuri in un 'ottica di bene rifugio. Una lunga serie d'anteprime mondiali presso i concorsi d'eleganza di tutto il mondo restituisce agli appassionati il gusto della fuoriserie sulle meccaniche migliori di sempre.

Motion and Emotion, this is Zagato's philosophy for the neoclassical decade in which the automobile, by now a mass consumption product, has lost its original recreational and emotional personality. There is no doubt that technological standardization has offered perfect cars, but which are also undifferentiated in terms of style and content. The practice of programmed aging in each model's design shows us the automotive industry's massively industrialized character, leaving very little space for individual requests. The market hence assumes the shape of an hourglass, where the two extremes characterize the nature of the market. On the bottom we find the big industry players, based on mass production and low costs. At the top we find true luxury constructors, where personalization and uniqueness offered by details such as 'Made in Italy' are key success factors. As a leader of this specific part of the hourglass, Zagato Atelier constructs made-to-measure creations for distinguished clients and gentlemen drivers, deriving its philosophy from the era of the berlinettes of the early 1950s. Special projects created for Aston Martin, Bentley, Ferrari, Maserati, Spyker, and Diatto consolidate the brand's value in making custom-built models, almost exclusively coupés with 2 doors and 2 seats. As in the 1990s, Zagato's design philosophy is more concerned with the shape's volume rather than details. The final product transmits a high emotional content. A high attention to volume, mysterious and enticing in shape, make these highly limited series not only 'timeless beauties', but also sound investments. A history of grand debuts at global 'concours d'elegance' gives back to the true car enthusiast the pleasure of seeing a custom-built car based on some of the finest mechanics of all time.

> # ANNI 00

Aston Martin DB7 Zagato

Al Salone di Ginevra 2002, Ulrich Bez, amministratore delegato della Aston Martin, dà l'annuncio ufficiale: Zagato sta lavorando su una nuova DB7. È un nuovo capitolo della tradizionale collaborazione iniziata negli anni '60 con la DB4 GT Zagato e consolidata in seguito con la Vantage e la Volante Zagato. La nuova DB7 ripropone i tratti che contraddistinguono da sempre le auto Zagato e che ancora oggi ne fanno un classico intramontabile: dalla griglia del radiatore, alla coda tronca e al tetto "double bubble" si individua lo stile della Casa milanese "tagliato su misura" per il gusto Aston Martin. Particolare attenzione è posta alle prestazioni che incidono sul carattere sportivo dell'auto: è diminuito il peso e sono aumentate potenza e accelerazione, così come la rigidità strutturale. A quattro mesi da Ginevra, il primo prototipo viene presentato a Londra a clienti privilegiati che apprezzano in anteprima la bellezza della nuova DB7, la cui produzione, in versione coupé con il cambio manuale, viene completata in serie limitata entro il secondo semestre del 2003.

Ulrich Bez, the Aston Martin managing director, officially announced at the 2002 Geneva motor show that Zagato was working on a new DB7. This represents a new chapter in the long-standing relationship between the two firms inaugurated in the Sixties with the DB4 GTZ Zagato and subsequently consolidated with the Vantage and Volante Zagato. The new DB7 revisits features that have always distinguished Zagato cars and which still today help make it a timeless classic: the radiator grille, the bluff tail and the "double bubble" roof all represent elements of the Milanese firm's idiom, made-to-measure for the Aston Martin taste. Particular attention has been paid to those performance factors influencing the car's sporting character: the car's weight has been cut while its maximum power and acceleration capabilities have been increased, as has its structural rigidity. Four months on from Geneva, the first prototype was presented to a group of privileged clients in London who thus enjoyed a preview of the new DB7. The car limited serial production in manual transmission coupé form was completed within the second half of 2003.

ANNI 00

Aston Martin AR1 Zagato

L'idea di questo roadster nasce nel 2002 durante la gara di Le Mans, alla quale partecipa, alla guida di una DBR1, Ulrich Bez, amministratore delegato dell'Aston Martin Lagonda Ltd. Dai colloqui di Bez con Andrea Zagato al Concorso d'Eleganza di Pebble Beach, nell'agosto successivo, nasce l'idea dell'Aston Martin DB American Roadster 1. Approvato a settembre il progetto, il primo concept è stato prodotto in soli tre mesi, in tempo per il Motor Show di Los Angeles del gennaio 2003. L'auto, carrozzata Zagato, non è da intendersi come la versione cabrio dell'Aston Martin DB7 Zagato, ma come un'ulteriore serie esclusiva della gamma prodotti Aston Martin. La DB AR1, più lunga del coupé Zagato di 211 mm, è stata disegnata per il sole della California, senza il tetto e con spazio per due persone. Mostrata in anteprima ai clienti di Los Angeles, l'auto ha suscitato una risposta talmente positiva che nel tour americano di tre settimane ne è stata venduta anticipatamente l'intera produzione di 99 esemplari, consegnati nella primavera del 2004.

The idea for this roadster came about in 2002 during the Le Mans race, where Ulrich Bez, general manager of Aston Martin Lagonda Ltd., drove a DBR1. While talking about it with Andrea Zagato at the Pebble Beach Concours d'Elegance in the following August, the idea led to the creation of the Aston Martin DB American Roadster 1. After the approval of the design in September, the first concept was produced in an astonishing period of three months, in time for the Los Angeles Motor Show in January 2003. This car bodied by Zagato should not be thought of as a convertible version of the Aston Martin DB7 Zagato, but as yet another exclusive line in the Aston Martin range. The DB AR1, 211 mm longer than the Zagato coupé, was designed with the Californian sunshine in mind, without a roof and with room strictly for two passengers. The preview to customers in Los Angeles was so successful that the American three-week tour saw the whole run of ninety-nine vehicles for delivery in Spring 2004, snapped up in advanced sales.

ANNI 00

Aston Martin Vanquish Roadster Zagato

Zagato partecipa al Salone dell'Automobile di Ginevra 2004 con la proposta Roadster della Aston Martin Vanquish. Mentre le DB7 Zagato e AR1 sono state presentate ai clienti con l'obiettivo di una vendita a numero chiuso, conseguendo immediatamente il "sold out", la Vanquish Roadster è una "provocazione" Zagato supportata dalla stessa Aston Martin. Nata dalla stretta collaborazione tra Norihiko Harada, Chief Designer di Zagato, e Peter Hutchinson, Design Manager dell'Aston Martin, la vettura introduce elementi di forte rottura nel segmento delle roadster. Un'interpretazione che abbina il disegno del tutto inedito della parte posteriore a un sistema di copertura modulare. La carrozzeria è caratterizzata da una fanaleria tonda, una coda rastremata per pronunciare maggiormente i passaruota e un paraurti posteriore nuovo. Il vetro posteriore, con la sua forma a doppia gobba, sottolinea l'unicità e la preziosità della proposta, bilanciando il rapporto tra pieni e vuoti. La Vanquish Roadster mantiene nell'anteriore il disegno della versione coupé famosa per essere stata tra le ultime vetture di James Bond.

Zagato is at the 2004 Geneva Motor Show with the Roadster version of the Aston Martin Vanquish. While the DB7 Zagato and AR1 were presented to customers with the aim of selling a limited number, something that happened immediately, the Vanquish Roadster has been designed by Zagato as a "challenge" with the support of Aston Martin. Born of the close co-operation between Norihiko Harada, Zagato's Chief Designer, and Peter Hutchinson, Design Manager at Aston Martin, the car introduces features representing a clear break from the roadster segment. An interpretation that combines the revolutionary design of the rear section with a modular cover system. The bodywork is characterised by rounded lights, tapered tail to highlight the wheel arches and a new rear bumper. The rear window with its double-bubble shape underlines the uniqueness and high-valued nature of the proposal and balances the relationship between full and empty sections. The front section of the Vanquish Roadster maintains the design of the coupé version made famous as one of James Bond's latest cars.

ANNI
00

Ferrari 575 GT Zagato

Yoshiyuki Hayashi è un celebre collezionista giapponese che possiede numerose vetture di grande valore storico, tra le quali alcune Ferrari come la 166MM, la 250 Spider California, le Daytona - coupé e spider - e la Enzo. Nella più classica tradizione dell'appassionato committente di esemplari esclusivi che ha stimolato la creatività dei carrozzieri italiani negli anni '50 e '60, Yoshiyuki Hayashi ha chiesto a Zagato di poter far carrozzare la sua 575M nello stile della celebre berlinetta 250 GTZ del 1956. Ricevuta la richiesta del cliente, Zagato ha informato la Ferrari del progetto che avrebbe permesso di celebrare al meglio anche l'anniversario del modello, ed ha quindi realizzato su base Ferrari 575 una vettura evocativa della 250 GTZ. Come la sua progenitrice, la 575 GTZ ha la carrozzeria interamente in alluminio e, in omaggio a Ferrari e alle sportive Italiane a due posti, entra a far parte dei pezzi esclusivi appartenenti alla tradizione delle vetture d'atelier. Come la 250 GTZ, anch'essa sfoggia una colorazione bicolore su stilemi e volumi che richiamano esplicitamente gli anni '50.

Yoshiyuki Hayashi is a famous Japanese car collector, who owns numerous cars of great historical value, including several Ferraris such as the 166MM, the 250 Spider California, Daytonas - a coupé and a spider - and the Enzo. In the classic tradition of the keen purchaser of exclusive cars who stimulated the creativeness of Italian coachbuilders in the 1950s and 1960s, Yoshiyuki Hayashi asked Zagato if it would be possible to create a body for his 575M, in the style of the famous 1956 250 GTZ berlinetta. When Zagato received this request, it informed Ferrari of the project, saying it would be a good opportunity to celebrate the model's anniversary, and then created a car that harked back to the 250 GTZ, built around the Ferrari 575. Like its forebear, the 575 GTZ has an all-aluminium body, and, as a tribute to Ferrari and to two-seater Italian sports cars, it has joined the exclusive group of cars that are the fruit of the tradition of custom-built cars. Like the 250 GTZ, it sports two-tone paintwork with styling cues and volumes that explicitly refer back to the 1950s.

ANNI 00

Barchetta Zagato

Sorella della 575 GT Zagato del 2006, questo esercizio rende omaggio alla tradizione delle Barchette tipiche degli anni '30 - '50, nonché alla collaborazione tra il marchio milanese e la N.A.R.T. per la realizzazione delle Ferrari 3Z (spider) e 330GTC Zagato (targa). Realizzata sul telaio della 550 Barchetta, la versione dell'Atelier Zagato offre una capote ripiegabile grazie ad un sistema elettro idraulico che include il fissaggio automatico sul parabrezza senza intervento del conducente. L'intero sistema prende posto immediatamente dietro i roll bar e necessita di un vano dallo spazio più che dimezzato rispetto agli standard. Zagato Atelier dimostra ai costruttori OEM la flessibilità e la capacità di industrializzare soluzioni complesse, generalmente non ipotizzabili su serie limitatissime. Le auto Neoclassiche diventano ben presto laboratori su cui testare soluzioni per le successive vetture di produzione.

Sister of the 2006 575 GT Zagato, this project honours not only the tradition of the 'Barchette' which were typical from 1930s to the 1950s, but also the historic collaboration between the Milanese brand and the N.A.R.T. which realized the Ferrari 3Z (spider) and the 330GTC Zagato (targa). Based on the chassis of a Ferrari 550 Barchetta, the Zagato Atelier version boasts an electro-hydraulic top designed specifically by Zagato which automatically fixes itself to the windshield without the need for driver intervention. The entire system is located just behind the roll bar and needs half the storage space compared to most convertible tops. This particular project demonstrates to OEMs Zagato Atelier's flexibility and capability of coming up with innovative solutions generally not found on limited series custom-built cars. The Neoclassical cars of the 2000s are testbeds on which new solutions were found which can then be applied to the next limited-series of cars.

ANNI 00

Diatto Ottovù Zagato

In occasione del centesimo anniversario del marchio Diatto, due collezionisti si sono rivolti a Zagato con l'aspirazione di richiamare la precedente collaborazione. Già nel 1921, infatti, Ugo Zagato diede vita ad una carrozzeria leggera ed aerodinamica su telaio Diatto tipo 25 4DS. Chiesta, e ottenuta, l'autorizzazione dalla proprietà attuale del marchio Diatto, e ricevuti i due telai meccanizzati, Zagato Atelier, nella più tipica tradizione dell'alta sartoria italiana, ha realizzato due abiti su misura per i fortunati committenti. L'approccio razionalista al progetto, tipico dell'Atelier milanese, rilegge in chiave sportiva, nel 2007, l'artistocrazia di uno dei marchi più storici dell'automobilismo italiano: Diatto. La carrozzeria delle due nuove Granturismo è interamente in alluminio; un punto di forza di Zagato, che ne fa un valore ovunque riconosciuto tra i collezionisti più esigenti. Il volume dei cofani è privo di tagli, a sottolineare la libertà che un approccio non industriale al prodotto ancora consente. Le linee sono morbide ma decise e descrivono dimensioni generose e allo stesso tempo compatte, caratteristiche delle più pure ammirate vetture sportive italiane che ne fanno un "cult" per gli appassionati di tutto il mondo.

On the occasion of the 100th anniversary of the Diatto brand, two keen collectors turned to Zagato with the aspiration of resurrecting the past collaboration between the two brands. In distant 1921, Ugo Zagato designed a lightweight and aerodynamic body for the Diatto 25 4DS chassis. Having applied for and obtained authorisation from the current owner of the Diatto brand, and having received the two mechanized chassis, the Zagato Atelier produced two tailor-made outfits for the customers in the typical italian high-class tailoring tradition. In 2007, the Milanese Atelier with its typically rationalist approach to a project, revamps, with a sporty note, the artistry of one of the most historical brands of the Italian automotive industry: Diatto. The bodywork of the two new grand touring cars is entirely made of aluminium, one of Zagato's strengths, valued and recognised far and wide by the most demanding collectors. The lids are moulded in a single piece to underline the freedom that a nonindustrial approach to the product still allows. The smooth but clear-cut lines characterise the generous and at the same time compact dimensions, typical of the most admired Italian sports cars, making them a cult for fans all over the world.

ANNI 00

Spyker C-12 Zagato

Victor Muller, CEO di Spyker Cars, ed Andrea Zagato presentano la Spyker C12 Zagato in occasione del 77° Salone Internazionale di Ginevra. Il co-branding Spyker Zagato risulta ben riuscito grazie alle origini aeronautiche dei due marchi ed alla passione per le auto sportive di Victor ed Andrea. Victor, infatti, prima ancora di iniziare la sua avventura con Spyker, era un collezionista Zagato, possessore di auto del calibro della Flaminia SS e della TZ. Tutte le vetture Spyker hanno uno stile ben definito: l'ispirazione aeronautica coesiste con elementi di artigianalità ed eleganza. La nuova versione Zagato risulta ancora più esclusiva, aggressiva e sensuale allo stesso tempo. Essa sfoggia un nuovo tetto panoramico a doppia gobba, frontale e prese d'aria di derivazione F1, ciminiere e "coda tronca". Rispettando la tradizione Spyker, Zagato combina tutti questi elementi, generando una moderna auto esotica dalle elevate prestazioni. Il risultato è garantito dalle linee della moderna filosofia Zagato, nate con la Raptor del 1996.

Victor Muller, CEO of Spyker Cars, and Andrea Zagato unveiled the Spyker C12 Zagato at the 77th Geneva International Motor Show. The Spyker and Zagato brands perfectly align because of their aeronautical origins and because of the shared passion of Victor and Andrea for sports cars. Victor, before starting the Spyker adventure was a Zagato collector owning cars like the Flaminia SS and TZ. All Spykers have their own very unique style: the aeronautical retrospective style co-exists with craftsmanship and elegance. The new Zagato body becomes even more unique, aggressive and sensual at the same time. It features a new double-bubble panoramic roof, F1 influenced nose and air intakes, chimney-style outlets, and a "coda tronca", the typical Zagato cut off tail end. Maintaining Spyker's styling philosophy, Zagato design put all these elements together and created an extremely stimulating example of a contemporary exotic high performance sports car by using typical modern Zagato lines which started with the Raptor Zagato in 1996.

ANNI 00

Maserati GS Zagato

La Maserati GS Zagato, come la sua celebre progenitrice, ha una carrozzeria interamente in alluminio e sfoggia il Tridente sul cofano e la Z sulla fiancata, esprimendo così l'intramontabile eccellenza italiana, nella forma e nei contenuti. Una combinazione vincente quella che coniuga una meccanica potente e affidabile a uno stile elegante e sportivo, entrambi rigorosamente "made in Italy". Per i puristi dei coupé compatti, estimatori del marchio milanese, si tratta di una due volumi, due posti secchi, "hatch back", caratterizzata da un profilo filante e da una coda raccolta. Il passo di 180 mm più corto, derivato dalla Maserati Spyder, consente un'ottima manovrabilità e un'estrema facilità d'inserimento in curva, combinate a una straordinaria rigidezza torsionale. In omaggio alla tradizione dei Gentlemen Driver che chiedevano a Zagato di trasformare le carrozzerie delle proprie automobili, i moderni collezionisti selezionano meccaniche giunte al massimo della loro evoluzione tecnica e le rivestono con abiti sartoriali che ne incrementano il valore nel tempo.

The Maserati GS Zagato, like its celebrated ancestor, has an all-aluminium bodywork and bears the Trident on the bonnet and the Z on the wing, expressing eternal Italian excellence in its shape and its content. A winning combination that matches powerful and reliable mechanics, with an elegant and sporty style, both rigorously made in Italy. For purists of the compact coupé, afficionados of the Milano-based brand, it is a two-volume, two-seater, hatchback with a streamlined profile and a neat tail. The wheelbase is 180 mm shorter than the series production Coupé, the platform being derived from the Spyder version, providing excellent agility, handling and stability in curves combined with extraordinary torsional rigidity. In homage to the tradition of the gentlemen drivers who asked Zagato to transform the bodywork of their cars, modern collectors choose mechanics at the top level of technical evolution and 'dress' them in tailor-made garments that increase in value as time passes. This is the mission of a modern automobile atelier: to create timeless objects that celebrate prestigious models and brands and which, unlike mass produced vehicles, are destined to last for ever.

ANNI 00

Bentley GT Zagato

La Bentley GTZ è una Zagato neoclassica, in linea con le presentazioni a Villa D'Este della Ferrari 575 GTZ, nel 2006, e della Maserati GS Zagato nel 2007. Il progetto nasce dall'incontro tra l'Ing. Franz Josef Paefgen, CEO di Bentley Motors Limited, ed Andrea Zagato presso il Concorso d' Eleganza di Pebble Beach 2006. Durante il "Tribute to Zagato", Andrea aveva mostrato all'Ing. Paefgen una selezione di modelli degli anni '50 e '60, vicino ai quali prendevano posto le berlinette presentate da Zagato negli ultimi tre anni. L'Ing. Paefgen rimase estasiato dalla bellezza di quelle vetture, che richiamarono alla sua mente il valore della storia e dell'arte della carrozzeria, entrambe mantenute e coltivate da Zagato fino ad oggi. Il design della Bentley GTZ parte da quello delle recenti berlinette della storia Zagato nel nuovo millennio. La sfida è stata quella di applicare lo stesso linguaggio stilistico ad una vettura con proporzioni totalmente diverse: la Bentley Continental GT Speed.

Coherent with the presentations of the Ferrari 575GTZ in 2006 and the Maserati GS Zagato at the Villa D'Este in 2007, the Bentley GTZ is a neo-classic Zagato interpretation of the style of a British GT. The project was conceived during a discussion between Dr. Ing. Franz Josef Paefgen, CEO of Bentley Motors Limited, and Dr. Andrea Zagato, President of Zagato, at the Pebble Beach Concours D'Elegance in 2006. At a 'Tribute to Zagato' presentation, Zagato showed a selection of '50s and '60s models alongside the recent berlinettas presented during the last 3 years. Dr. Paefgen was struck by the beauty of those cars and reminded of the historical significance of the art of the carrozzeria (coachbuilders) which was both being maintained and carried forward by Zagato. Starting from the styling cues of the last coupés which became milestones of Zagato design in the new millennium, the challenge was to apply the same design language to a completely different proportion of vehicle: the Bentley Continental GT Speed.

ANNI 00

2002 Aston Martin DB7 Zagato

2004 Aston Martin Vanquish Roadster Zagato

2006 Ferrari 575 GT Zagato

2007 Diatto Ottovù Zagato

2007 Maserati GS Zagato

2008 Bentley GT Zagato

ANNI 00 Classic

100ᵀᴴ Lancia Anniversary 1906 - 2006
Lancia Aprilia Sport Zagato

Per celebrare i 100 anni del marchio Lancia e l'ininterrotta collaborazione con l'Atelier milanese per le versioni Sport, Andrea Zagato ha deciso di regalarsi una Lancia Aprilia Sport uguale a quella che suo nonno Ugo realizzò nel 1938. Il delicato processo non ha avuto inizio da sketch manuali, come per le vetture attuali, bensì da due sbiadite fotografie dell'epoca in bianco e nero, unica vera fonte d'informazione. Essendo infatti la vettura originale scomparsa, si è usufruito delle più moderne tecnologie di rilevazione fotografica, modellazione CAD e fresatura a controllo numerico, per ricostruire il progetto che, tra le Aprilia Sport, espresse al meglio i concetti di derivazione aeronautica negli anni '30. Il sapiente lavoro dei battilastra nella realizzazione a mano delle lamiere è stato quindi eseguito sui riferimenti di un solido master fresato. Il risultato finale è dato da linee perfettamente tese e da colpi di luce senza interruzioni, che risolvono al meglio il passaggio tra pensiero e realizzazione costruttiva tipico degli anni pre-bellici. La forma a sezione d'ala ed il volume unico senza passaruota esterni fanno di questa vettura una pietra miliare dei quasi 90 anni di storia di Zagato.

To celebrate the centenary of Lancia and the long standing affiliation between the brand and the Milanese coachbuilder for its Sport versions, Andrea Zagato decided to create a Lancia Aprilia Sport identical to the car built by his grandfather Ugo in 1938. The complicated process did not start from hand drawn sketches, as with today's cars, but from two faded monochrome photographs – the only remaining source of accurate information. As the original car no longer exists, state of the art digitalization, CAD modelling and CNC machining technologies were used to reconstruct the plans for this version of the Aprilia Sport, which so effectively applied the aeronautical themes of the 1930s. The sheet metal of the bodywork was then skilfully hand-crafted by master panel beaters, working on a solid, machined buck. The final result is a symphony of perfectly taut lines and seamless highlights, impeccably resolving the limitations of prewar construction techniques in putting a concept into reality. Shaped like the cross section of a wing, in a single volume undisturbed by external fenders, this car is a milestone in the 90 year history of Zagato.

ANNI 00 Classic

60ᵀᴴ Ferrari Anniversary
1947 - 2007
Ferrari 166 Panoramica Zagato

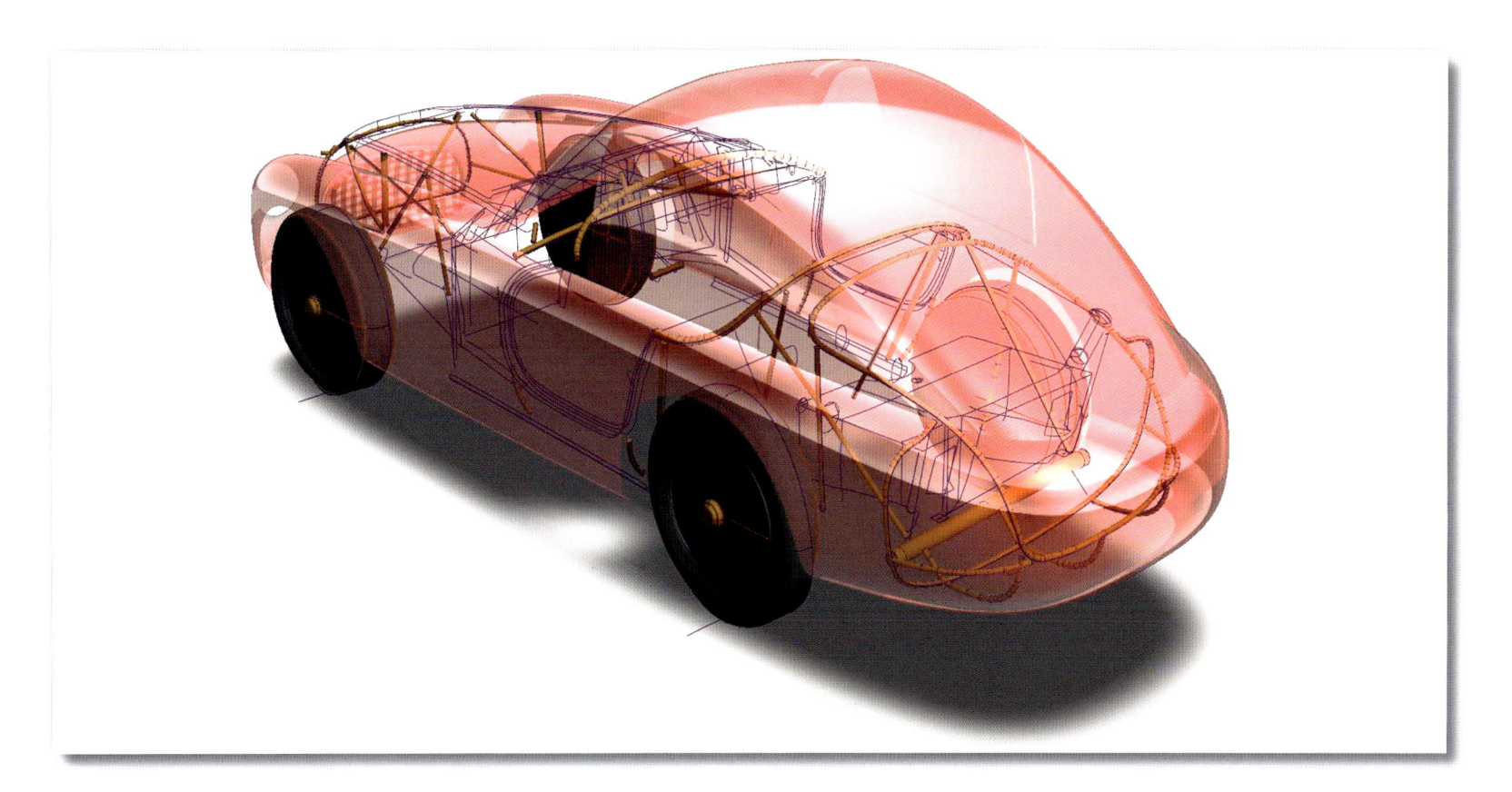

Commissionata dal Gentleman Driver Antonio Stagnoli, la Ferrari 166 Panoramica del 1949 è anche la prima della lunga serie delle Ferrari carrozzate da Zagato. In realtà, i rapporti tra i due marchi risalgono alla stima reciproca tra Enzo Ferrari ed Ugo Zagato sin dai tempi delle Alfa Romeo della Scuderia Ferrari, anteriori alla nascita ufficiale della Casa di Maranello.

La 166 Panoramica è considerata una pietra miliare nell'evoluzione del concetto di vettura coupé, consolidatosi solo nei successivi anni '50. Per queste ragioni, e certi che Zagato trasformò lo stesso telaio con carrozzeria barchetta nel 1950, Atelier Classic ricostruisce le forme della 166 Panoramica partendo dalle foto d'epoca. Il processo fotometrico delle immagini originali, la modellazione CAD e la fresatura a controllo numerico garantiscono la fedeltà assoluta di questa riedizione.

Il 60° anniversario del marchio Ferrari ed il supporto di Ferrari Classiche hanno permesso ad un collezionista DOC come Emilio Gnutti di realizzare questo sogno.

Ordered by the Gentleman Driver Antonio Stagnoli, the 1949 Ferrari 166 Panoramica was the very first of a long series of Ferraris to be re-bodied by Zagato. In fact, the roots of the relationship between the two brands can be traced back to the mutual respect Enzo Ferrari and Ugo Zagato had for each other since the Alfa Romeo days of the Scuderia Ferrari, prior to the birth of the famous company in Maranello.

The 166 Panoramica is considered to be a milestone in the development of the 'coupé' genre, which consolidated itself only later in the 1950s. For these reasons, and certain that Zagato transformed the same chassis with a barchetta body in 1950, Atelier Classic has started reconstructing the forms of the 166 Panoramica by studying historic photos. In depth analysis of historic pictures, CAD shaping, and C&C milling, guarantee that the replica remains 100% faithful to the original.

Ferrari's 60th Anniversary together with Ferrari Classic's support, allowed the top collector Emilio Gnutti's dream to come true.

ANNI 00 Classic

60th Porsche Anniversary
1948 - 2008
Porsche 356 Zagato

Terzo progetto d'Atelier Classic, la Porsche Barchetta Zagato fu realizzata in esemplare unico, a Milano, nel 1957. L'auto fu commissionata dal pilota ufficiale Porsche Claude Storez. Figlio di uno stampatore parigino, gareggiò giovanissimo sulle DB Panhard e, subito dopo, sulle Porsche 550 e 356 Carrera A. Questa "one-off" dal passato a tratti misterioso si rivelò subito velocissima, conquistando una serie di 4 vittorie e numerosi secondi posti, fino al tragico incidente che la distrusse il 7 febbraio del 1959. Le soluzioni stilistiche adottate da Zagato su questo telaio suscitano ammirazione ancora oggi: i vetri bassi e curvi, le pinne posteriori stabilizzatrici ed il frontale aerodinamico che anticiperà la gamma 911 confermano la coerenza funzionalista del design milanese. Per tale motivo, Zagato Atelier restituirà alla storia le linee di questo inusuale co-branding con Porsche; anticipazione, tra l'altro, della serie Porsche Abarth Zagato dei primi anni 60.

The third project of Atelier Classic, the Porsche Barchetta Zagato, was created in a single example in 1957. The car was ordered by one of Porsche's official drivers, Claude Storez. The son of a Parisian printer, he started racing at a very young age with a DB Panhard, and subsequently with Porsche 550s and a 356 Carrera A. This mysterious one-off by Zagato proved very fast immediately, winning a series of 4 victories and numerous second places, until the tragic accident that destroyed it on the 7th of February 1959. The styling features that Zagato had designed for this car are still admired today: low and curved windows, the back 'fins' which stabilized the car, and the very aerodynamic front which subsequently inspired the Porsche 911 series. All of this confirms the functional design philosophy of the Milanese coachbuilder. For this reason Zagato Atelier will recreate the shapes of this unusual co-branding project, which was the starting point, it is worth mentioning, of the Porsche Abarth Zagato series of the early 60s.

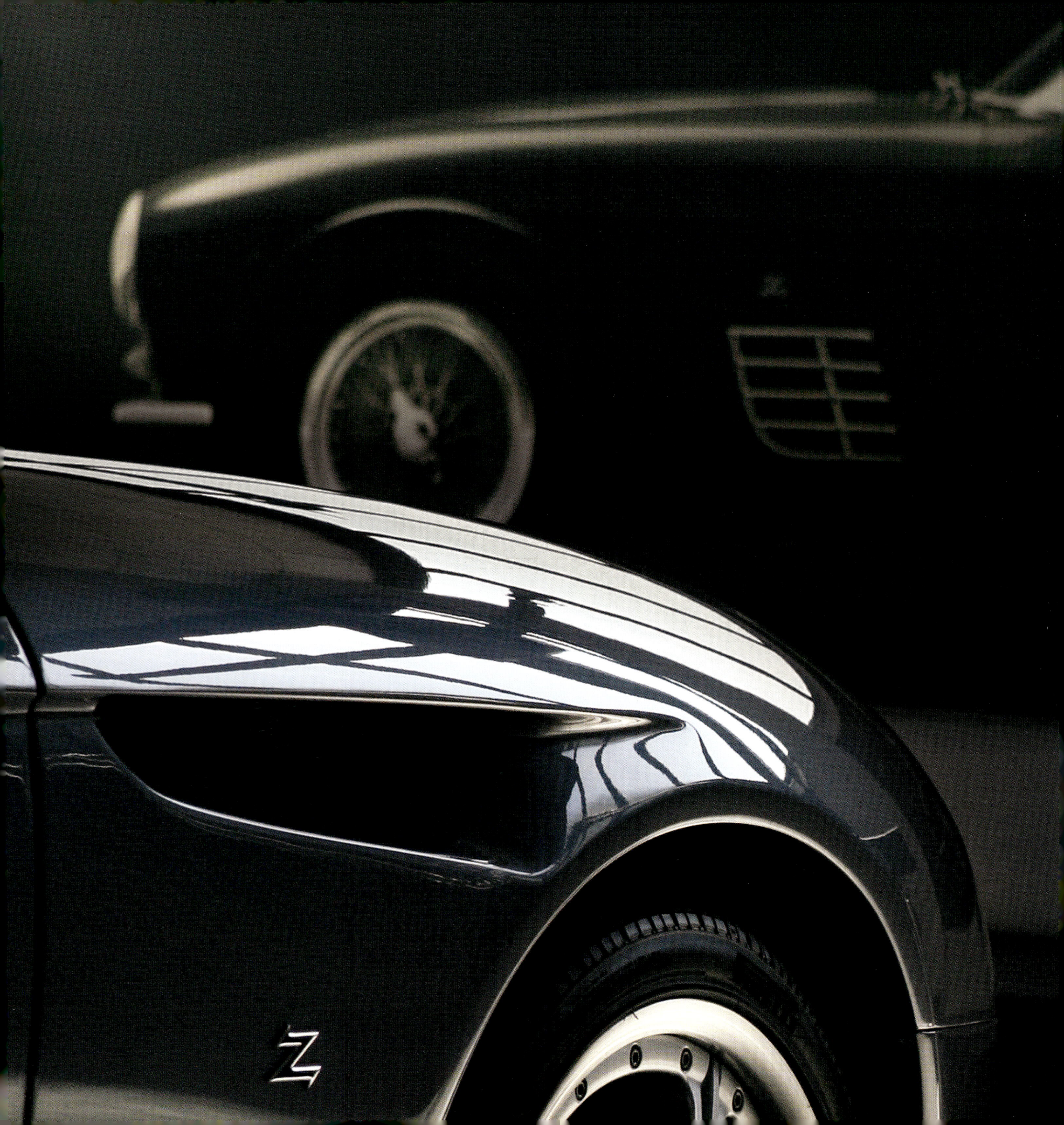

90 Anni di Atelier

Zagato è un atelier apprezzato in tutto il mondo perché espressione dell'eccellenza italiana nel realizzare vetture esclusive in serie limitatissima: da 9 a 99 pezzi.

Un atelier del terzo millennio deve saper coniugare la storica esperienza di officina, acquisita in 90 anni di collaborazione, come carrozziere, con le più prestigiose Case automobilistiche, alle più moderne tecnologie per lo sviluppo e la progettazione.

Le vetture Zagato nascono infatti dalla matita dei designer, sono sviluppate secondo i più avanzati processi di renderizzazione, realtà virtuale e fresatura a controllo numerico, e vengono poi battute e finite a mano da battilastra esperti.

La vera forza del marchio è la capacità di rendere complementari il vecchio mestiere del carrozziere con l'oggi tanto valutato ruolo del designer, ma anche quella di dialogare sia con i clienti, non più Gentleman Driver ma collezionisti, sia con le principali Case automobilistiche.

Zagato is a world renowned Atelier as it is an expression of Italian excellence in the creation of exclusive motor cars in extremely limited production runs: from 9 to 99 units.

An atelier in the Third Millennium must be able to reconcile time honored workshop expertise, acquired over almost 90 years of coachbuilding for the most prestigious car manufacturers, with state of the art design and development technologies.

Zagato cars are conceived on the designer's drawing board, then developed using the most advanced rendering systems available, and are finally hand beaten and finished by expert panel beaters.

The true strength of the brand is its ability to complement the age old coach-builder's art with today's highly valued role of designer, but it is also its ability to dialogue with its clients, who are no longer Gentleman Drivers but collectors and car manufacturers.

Conception   *Design*   *Frame*

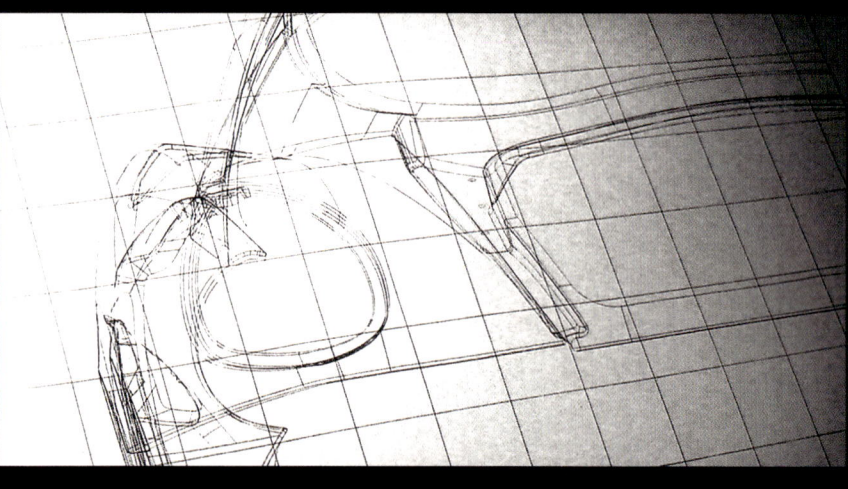

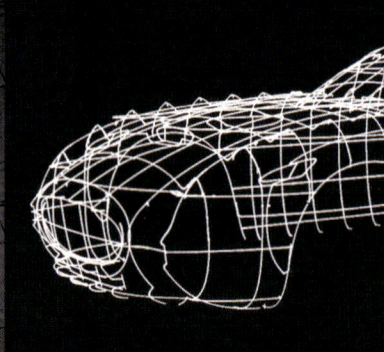

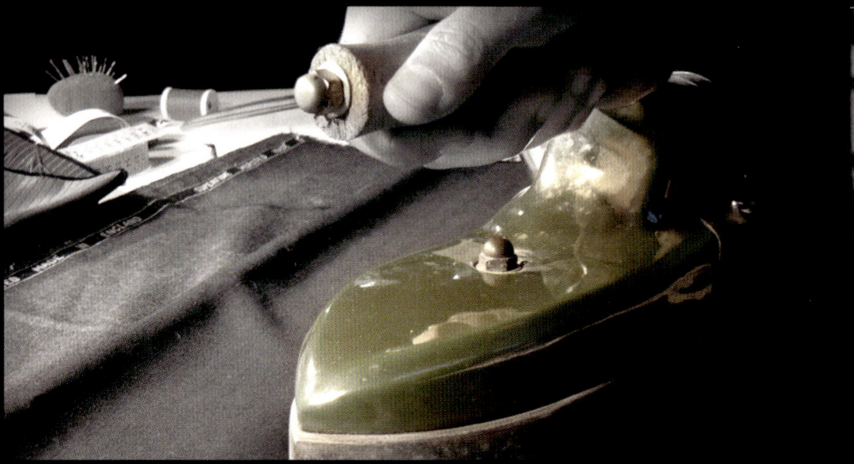

Shaping   *Harmonization*

90 Anni di Atelier

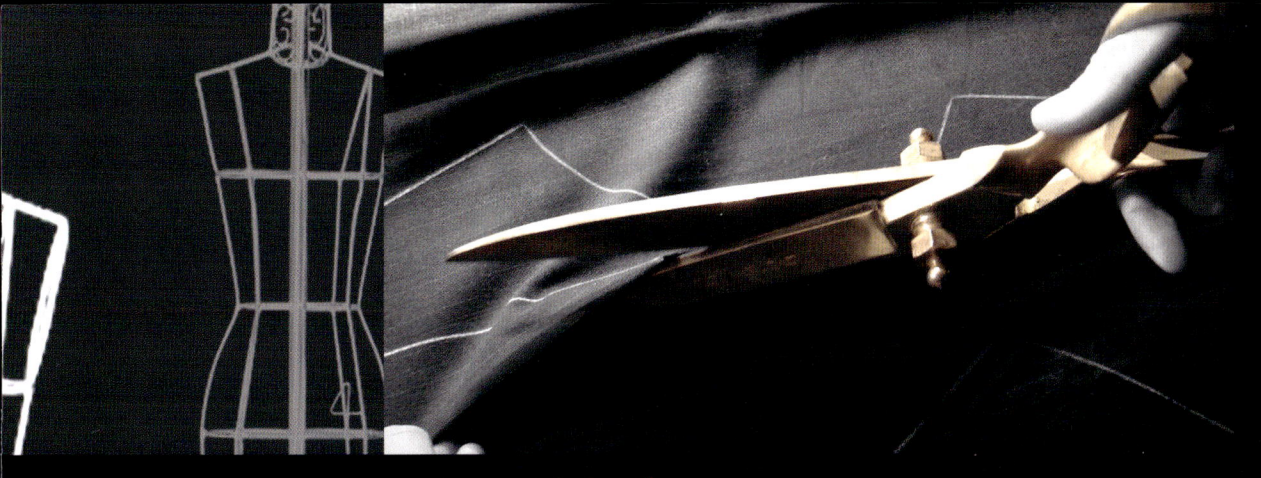

Basic Tools

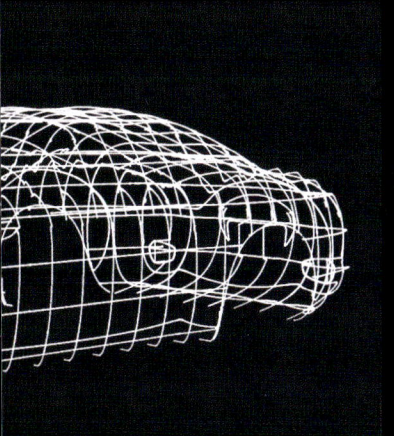

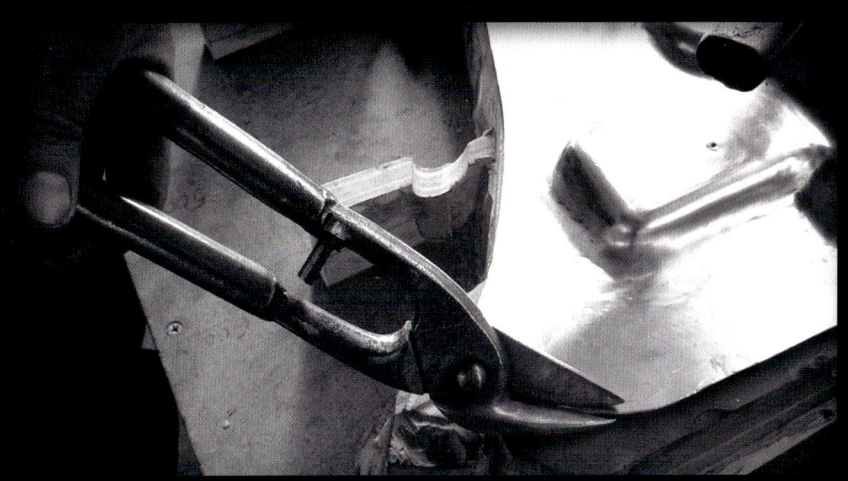

Details   *Branding*

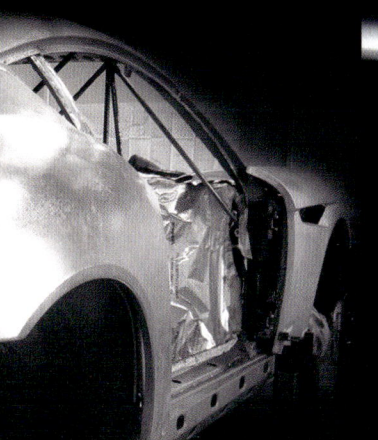

Aston Martin DB4 GT Zagato

Aston Martin

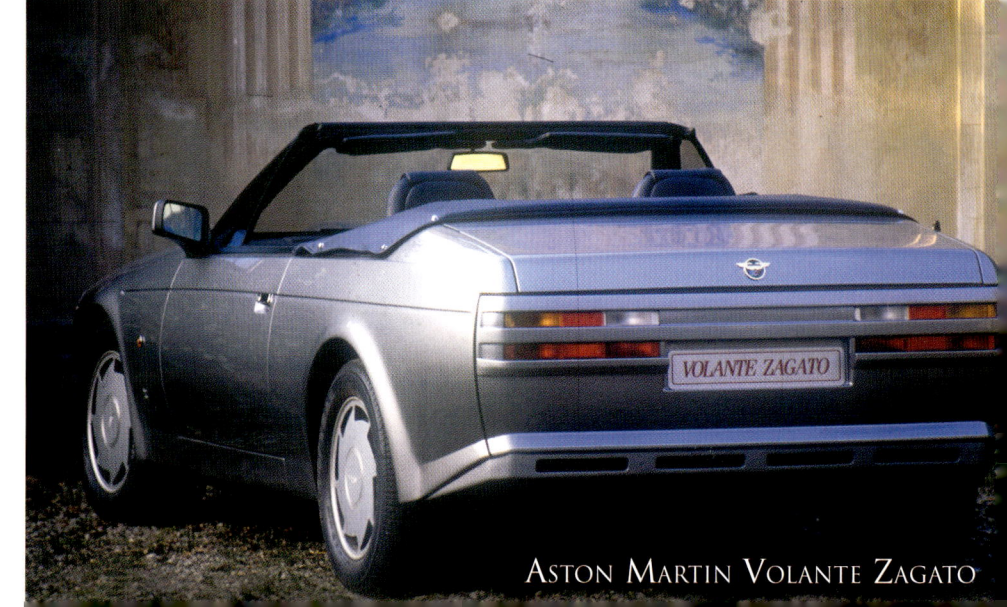

Aston Martin DB4 GT e Vantage V8 Zagato

Aston Martin Volante Zagato

Aston Martin American Roadster 1 Zagato

Aston Martin DB7 Zagato

Aston Martin Vanquish Roadster Zagato

Alfa Romeo 2300 Zagato

Alfa Romeo

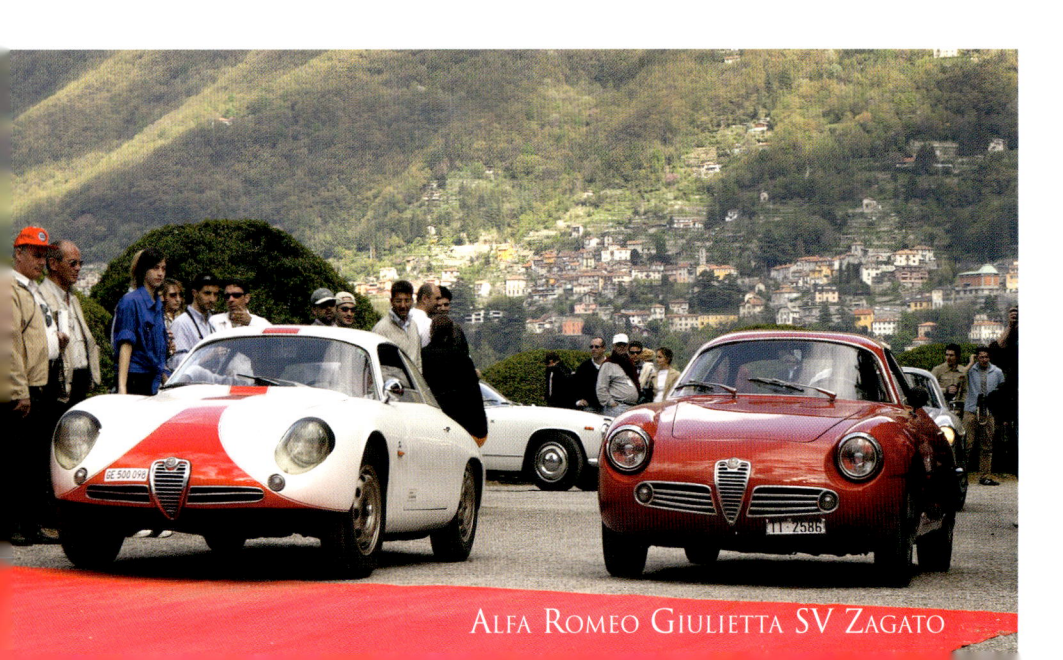

Alfa Romeo Giulietta SV Zagato

Alfa Romeo Zeta 6 Zagato

Alfa Romeo R.Z.

Alfa Romeo TZ2 Zagato

Alfa Romeo 1900 SS Zagato

Ferrari 166 Elaborata Zagato

Ferrari

Ferrari 250 GT Zagato

Ferrari 348 TB Zagato

Ferrari 575 GT Zagato

Ferrari FZ 93

Ferrari 330 Zagato

Fiat Abarth 1000 Zagato

Fiat Abarth

Fiat Abarth 1000 Zagato

Fiat Abarth 1000 Zagato

Fiat 8V Zagato

Fiat 8V Zagato

Fiat 8v Spider Zagato

Lamborghini 3500 GT Zagato

Lamborghini

Lamborghini LM 003

Lamborghini L147 Zagato

Lamborghini Raptor Zagato

Lamborghini Raptor Zagato

Lamborghini L147 Zagato

Lancia Lambda Sport Zagato

Lancia

Lancia Delta Sport Zagato (Hyena)

Lancia Fulvia Sport Spider Zagato

Lancia Flaminia Super Sport Zagato

Lancia Flaminia Sport Zagato

Lancia Appia GTE e Sport Zagato

Maserati A6G Zagato

Maserati

Maserati A6 G Spider Zagato

Maserati 16 Cilindri Zagato

Maserati GS Zagato

Maserati A6G Zagato

Maserati Monster Zagato

Castrol

Castrol MOTOR OIL

CASTROL

90 Anni di Corse

Una tra le più prestigiose carrozzerie del mondo compie novant'anni. Un simile avvenimento va oltre la semplice ricorrenza, poiché il nome Zagato è legato indissolubilmente alla storia più significativa dell'automobilismo italiano, in particolare di quello sportivo. Le corse sono state infatti il terreno d'elezione del carrozziere milanese fin dalle celebri Alfa che dagli anni '20 e '30 mietevano ovunque successi su successi. Questa vocazione sportiva, che ha conosciuto il suo apice nel periodo che si estende dal secondo dopoguerra allo spirare degli anni Sessanta, ha sempre permeato la filosofia costruttiva di Zagato, condensandosi in due principi tutt'ora scrupolosamente osservati: la leggerezza e l'aerodinamica. Pochi tuttavia sanno che questi principi traggono origine dalle esperienze maturate da Ugo Zagato nel settore aeronautico. Così come pochi sanno che, nel corso degli anni, sono esistite almeno sei collaborazioni con Scuderie, reparti e squadre corse tra i più famosi e blasonati.

One of the world's most prestigious coachworks has just celebrated its 90th birthday. Such an event is more than a mere anniversary, because it is indissolubly linked with the most glorious pages of Italian motoring history and of Italian motor sport in particular. Racing was always the Milanese coachbuilder's preferred field of operations right from the days of the celebrated Alfa Romeos which won race after race in the 20s and 30s. Zagato's commitment to motor sport, which reached its apogee in the period stretching from the end of the last up to the end of the '60s has always permeated a car building philosophy on 2 principles still scrupulously observed to this day: lightness and aerodynamic styling. What only a few people realize is that Ugo Zagato learned these principals while working in the aircraft industry. Another equally little know fact is that there were at least six collaborations with the 'Scuderie', racing departments and teams which were amongst the most famous and victorious.

Nuvolari e Guidotti al controllo di Firenze su Alfa Romeo 6 cil. 1750 comp.

Scuderia Ferrari

Già nel 1933 una pagina pubblicitaria dell'Alfa Romeo 8C recitava: "Lo spider che col trinomio Alfa Romeo – Scuderia Ferrari – Carrozzeria Zagato portò alle innumerevoli vittorie in patria e all'estero il nome d'Italia". Questa l'essenza delle auto della Scuderia che ha fatto grandi nel mondo i nomi di piloti quali Ascari, Borzacchini, Nuvolari e Varzi.

Already in 1933 a print advert of the Alfa Romeo 8C proclaimed: "The Spider that with the trio Alfa Romeo, Scuderia Ferrari, and Carrozzeria Zagato brought countless victories in the homeland and abroad for the honour of Italy." This was the essence of the cars of this Scuderia, which made legends out of drivers such as Ascari, Borzacchini, Nuvolari, and Varzi throughout the world.

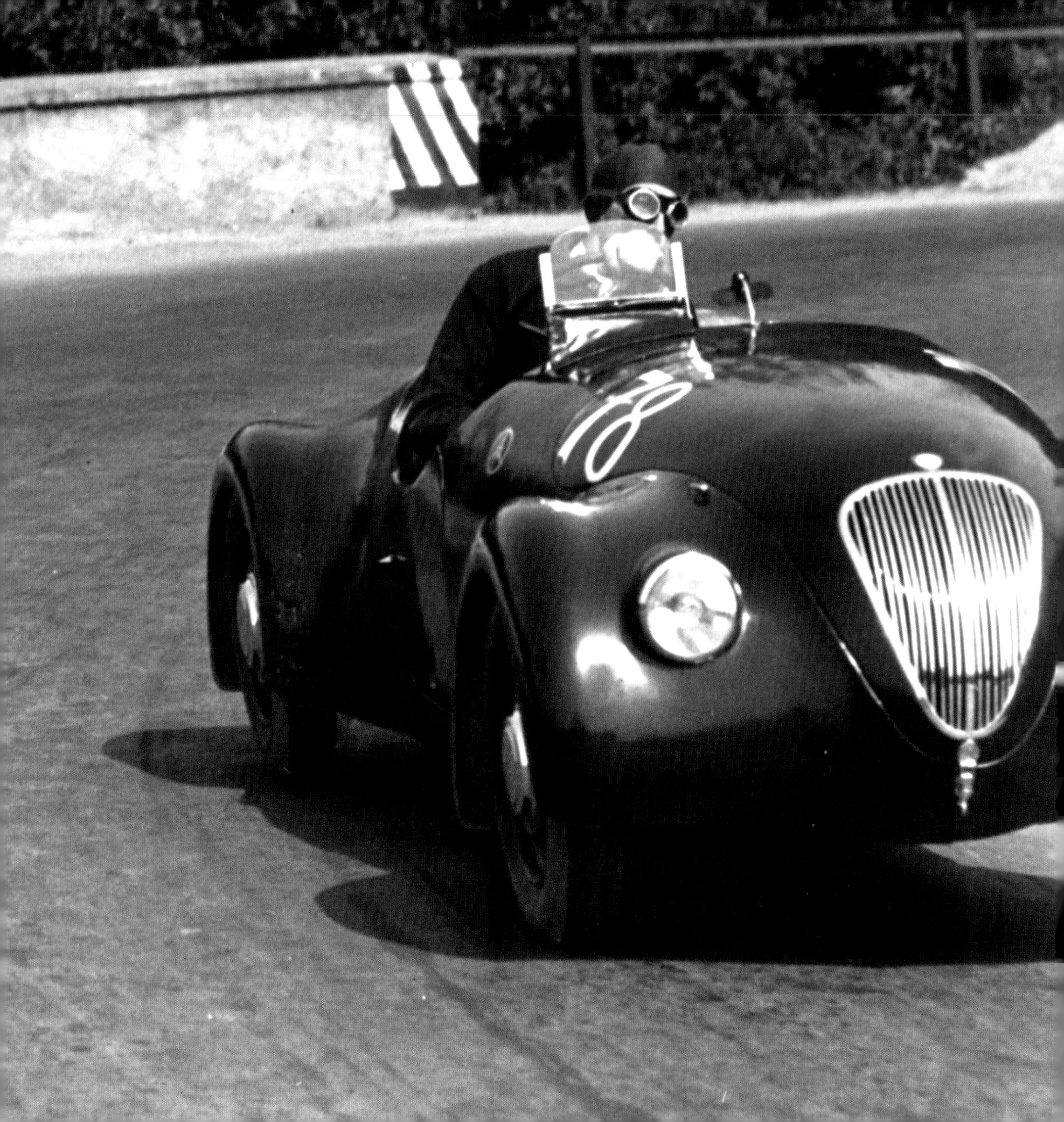
78

Scuderia Ambrosiana

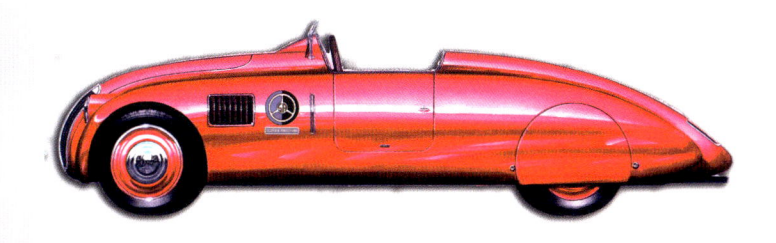

La Scuderia fu fondata da Giovanni Lurani, Luigi Villoresi e Franco Cortese. Il nome venne scelto in onore del Santo protettore della città di Milano. Le auto della Scuderia erano blu e nere come la squadra F.C. Internazionale (fondata nel 1908). Tra le vetture più famose, le Lancia Aprilia carrozzate da Zagato per i piloti Villoresi e Minetti.

The Scuderia was founded by Giovanni Lurani, Luigi Villoresi, and Franco Cortese. The name was chosen as a tribute to the protecting Saint of Milan. The cars of this Scuderia were always black and blue like the F.C International football team (founded in 1908). Its most famous cars included the Lancia Aprilia bodied by Zagato for the famous drivers Villoresi and Minetti.

90 Anni di Corse

Scuderia Alfa Romeo

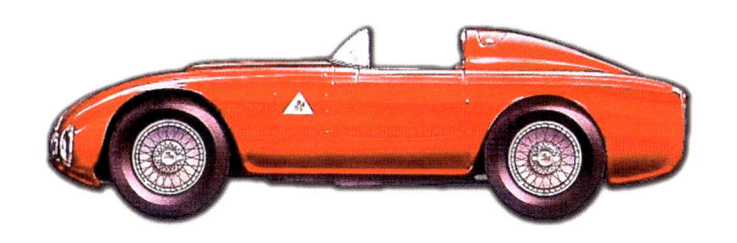

Il mitico quadrifoglio verde della Scuderia Alfa Romeo prende posto più volte sulle carrozzerie Zagato. Tra i momenti di gloria di questa storica collaborazione, la vittoria del Campionato Mondiale di Formula 1 a opera del pilota Juan Manuel Fangio su Alfa Romeo 159 con carrozzeria Zagato. Altrettanto famose le 3000 CM modificate da Zagato e le Alfa Romeo S.Z. e T.Z., che affiancheranno al quadrifoglio un altro indelebile triangolino: quello dell'Autodelta.

The legendary cloverleaf of the Scuderia Alfa Romeo was placed on the bodies of Zagatos numerous times. Amongst the most important glorious moments of the collaboration between the two houses is perhaps the victory of the Formula 1 Championship of Juan Manuel Fangio aboard his Alfa Romeo 159 bodied by Zagato. Equally famous are the 3000 CM re-bodied by Zagato and the Alfa Romeo S.Z. and T.Z., which proudly sported the logo of another legendary Scuderia of Alfa Romeo's, that of Autodelta.

90 Anni di Corse

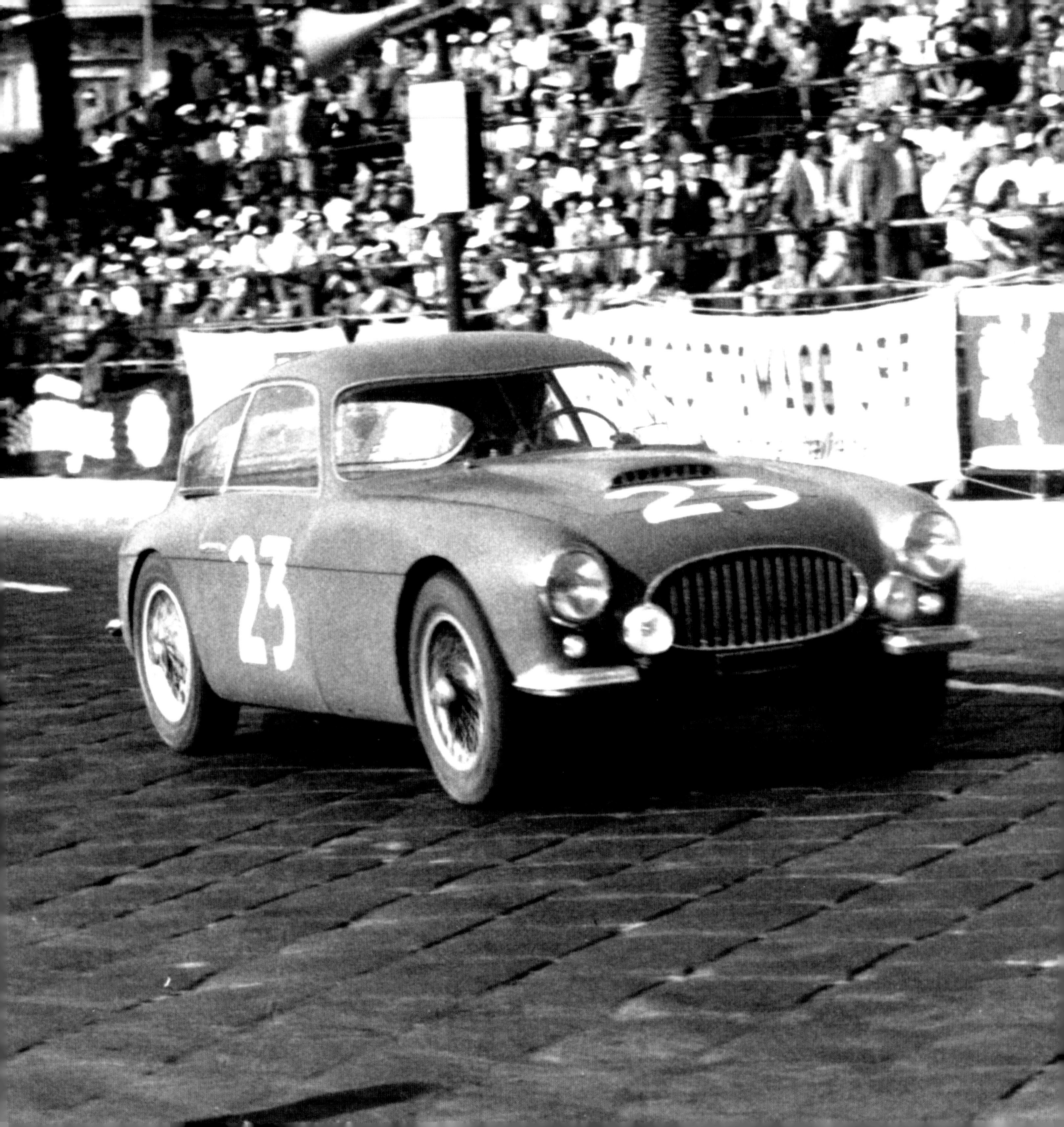
23

Scuderia Sant Ambroeus

Elio Zagato ne è tra i soci fondatori. Nel 1951 per iscriversi alle corse nella categoria GT, bisognava farlo personalmente con i relativi problemi logistici e gestionali. Elio e gli amici Galluzzi, Pittoni, Poltronieri ed altri diedero quindi vita a una Scuderia dedicata. Celebri le vittorie delle Alfa Romeo 1900 SSZ, delle Ferrari 250 GTZ e quella della Fiat 8VZ presso il circuito dell'Avus in Germania.

Elio Zagato was amongst the founders. In 1951 in order to register oneself for the GT race category, one had to do it personally, which brought on a certain list of logistic and managerial challenges. Elio and his friends Galluzzi, Pittoni, Poltronieri, and others hence decided to create a Scuderia in order to be able to race in this category. They went on to win some famous victories such as that of the Alfa Romeo 1900 SSZ, the Ferrari 250 GTZ, and that of the Fiat 8VZ at the Avus circuit in Germany.

90 Anni di Corse

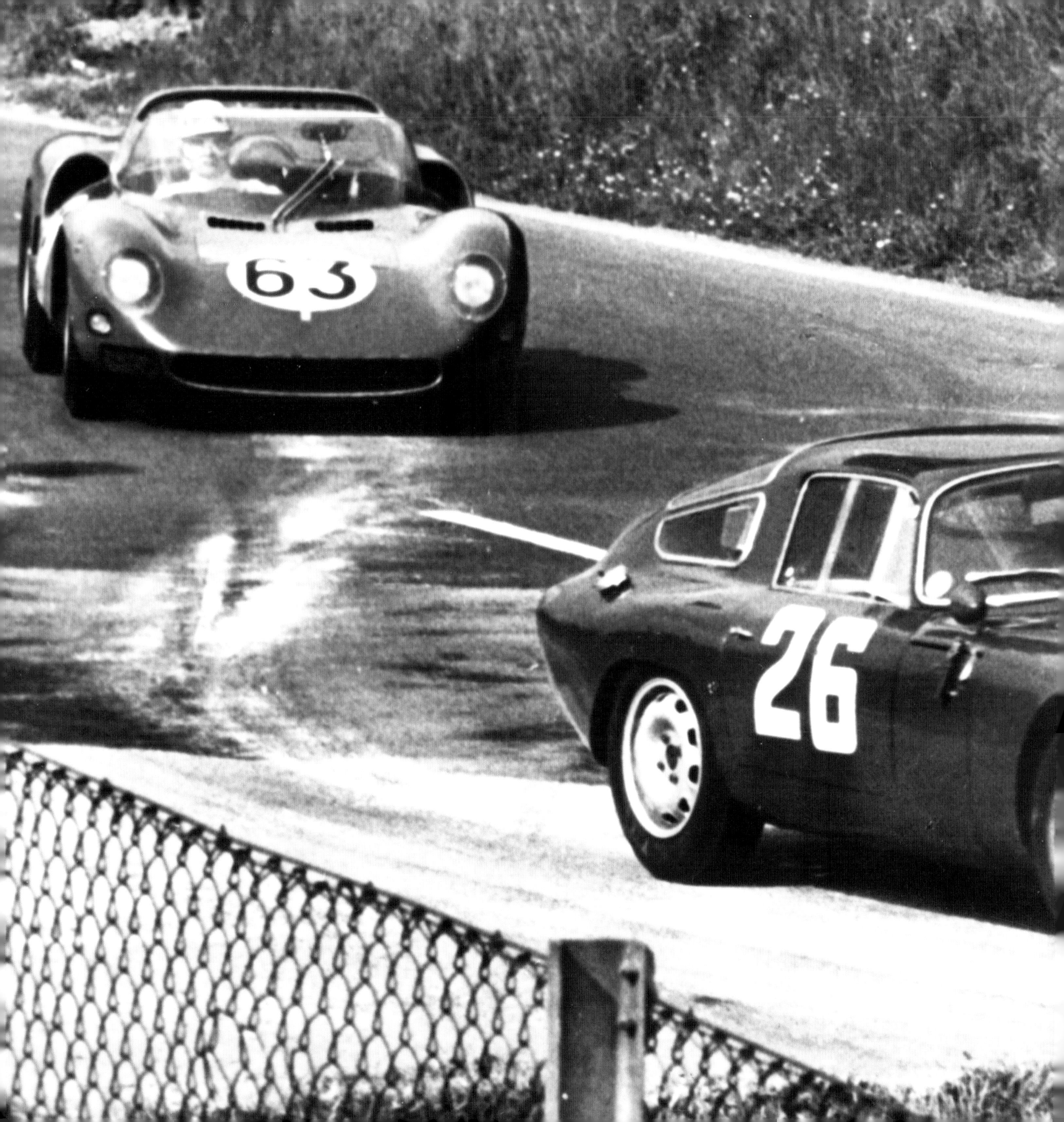
63
26

Autodelta

Il palmarès di vittorie assolute e di classe delle Giulia TZ e TZ2 carrozzate da Zagato per la Autodelta dell'Ing. Carlo Chiti è veramente interminabile. Ricordiamo, nel 1964, la 12 Ore di Sebring, la Targa Florio, il Nürburgring e la 24 Ore di Le Mans. Autodelta e Zagato hanno messo a punto le Alfa Romeo più performanti e vittoriose dal secondo dopoguerra ai giorni nostri.

The list of absolute victories of the Giulia TZ and TZ2 bodied by Zagato for the Autodelta of Ing. Carlo Chiti is truly neverending. Some of the most memorable victories include the 1964 12 hours of Sebring, the Targa Florio, the Nürburgring, and the 24 Hours of Le Mans. Autodelta and Zagato created the most victorious Alfa Romeos of all time, from the postwar era to the present day.

90 Anni di Corse

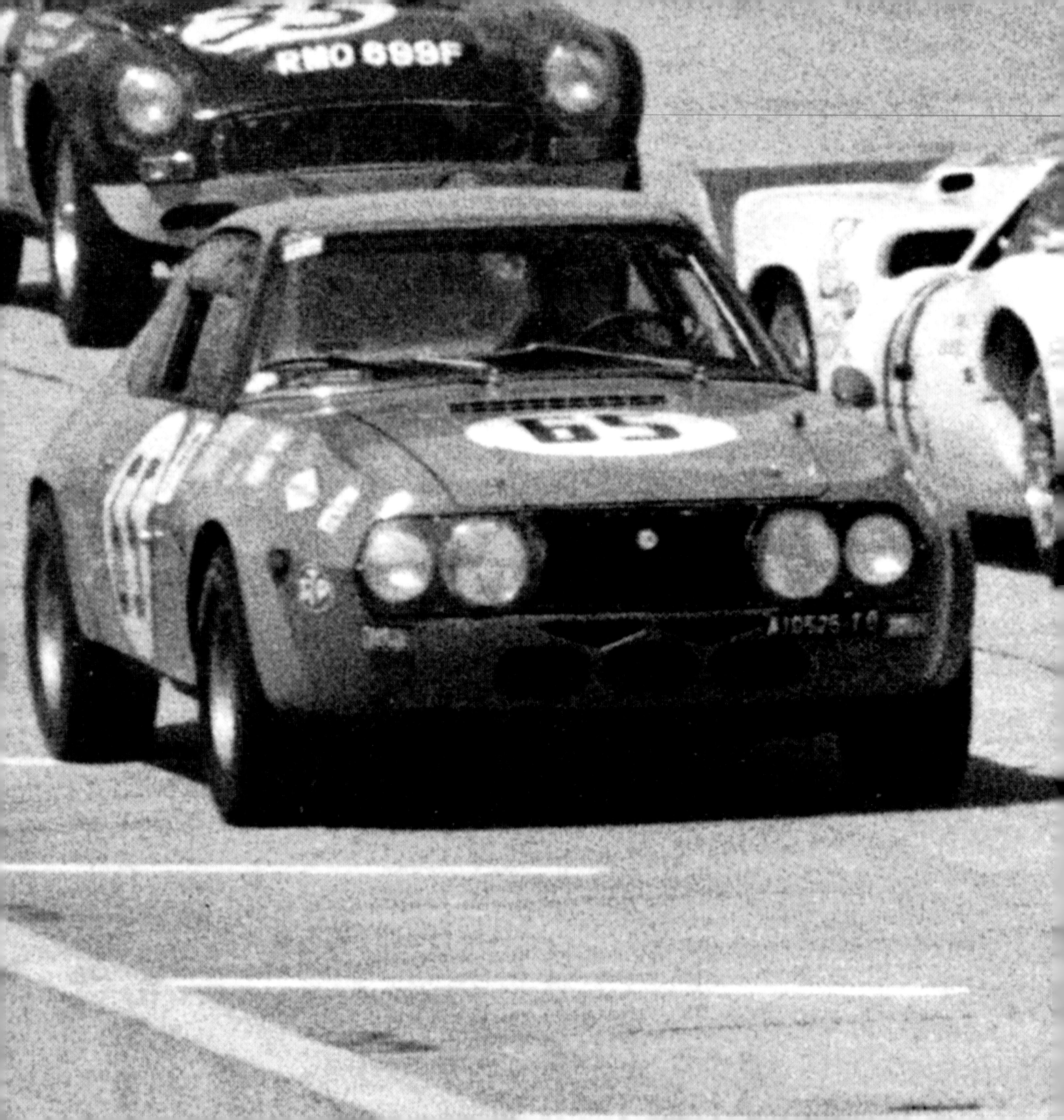
RMO 699F

Squadra Corse HF

Tutti sanno che Lancia più Zagato uguale Sport. Lo testimoniano le Aurelia Sport, Appia Sport, Flaminia Sport, Flavia Sport e Fulvia Sport, vincitrici d'innumerevoli gare. Tra queste, sotto l'egida ufficiale della Squadra Corse HF e del suo elefantino rosso, la Fulvia Sport in versione competizione, trionfatrice, nella sua categoria, della 12 Ore di Sebring nel 1968 e della 24 Ore di Daytona nel 1969.

Everybody knows that Lancia plus Zagato equals Sport. One only has to look at the Aurelia Sport, Appia Sport, Flaminia Sport, Flavia Sport, and the famous Fulvia Sport, winner of countless races. Amongst these, sporting the little red elephant badge of the HF racing team was also the Fulvia Sport Daytona, which won its category the 12 Hours of Sebring in 1968 and the 24 Hours of Daytona in 1969.

90 Anni di Corse

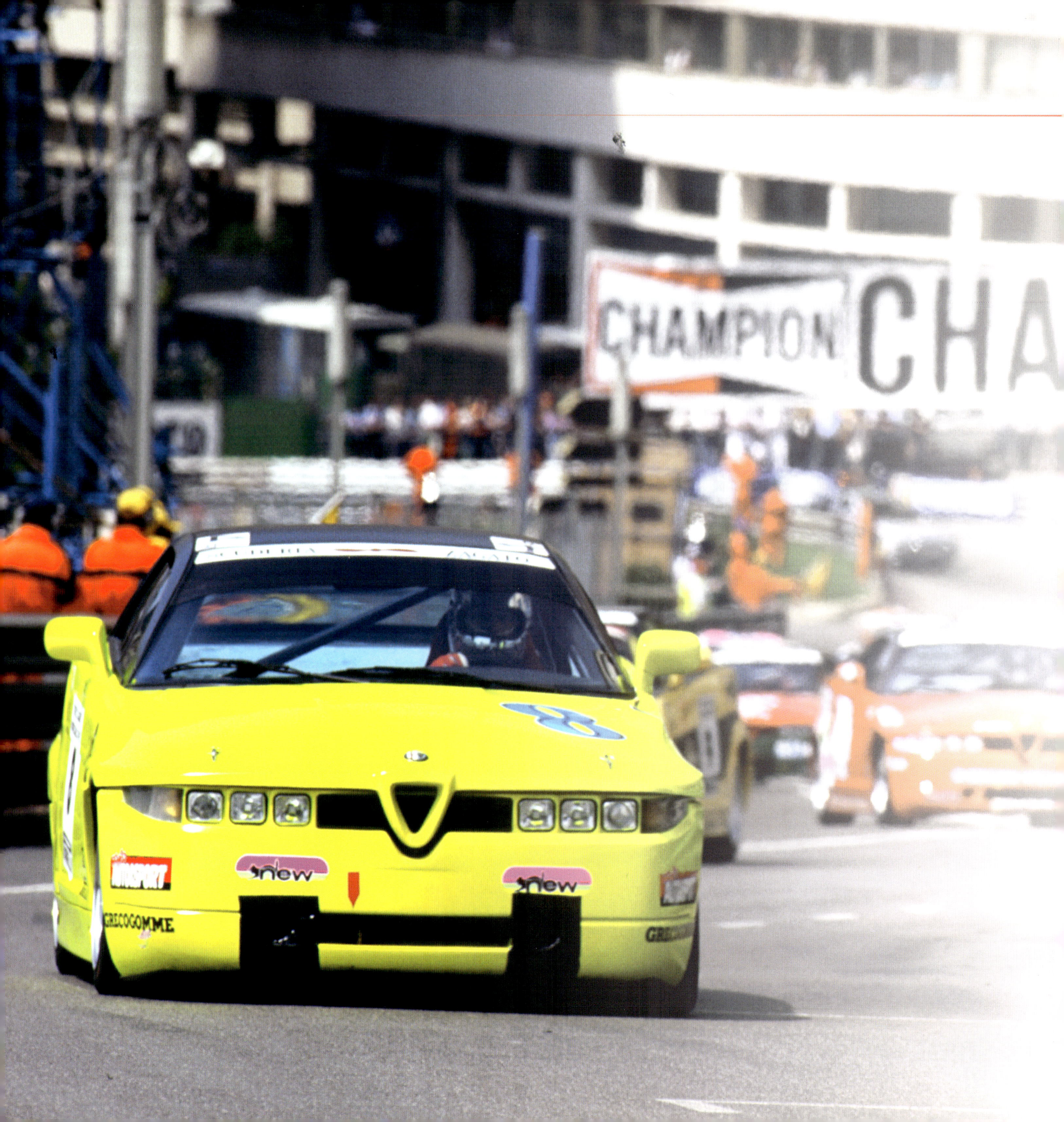
CHAMPION
GRECOGOMME

SCUDERIA ZAGATO

Come è ormai noto, le automobili carrozzate da Zagato esprimono il risultato dell'esperienza maturata nelle corse e nei circuiti a livello internazionale. Le Zagato vantano infatti trionfi in tutto il mondo con le più blasonate Case automobilistiche, occupando un posto di rilievo negli albi d'oro dei piloti più celebrati. Il Campionato monomarca Alfa Romeo S.Z. nasce nel 1993, grazie alle doti tecniche e dinamiche dell'Alfa Romeo ES 30. Il gap tra le auto di produzione e quelle da corsa viene quasi annullato dalle straordinarie caratteristiche di questo coupé firmato Zagato. Con poche modifiche la vettura è infatti subito pronta all'utilizzo su pista. Il culmine delle 8 gare disputate dalle Alfa Romeo S.Z. durante i Campionati Supercar GT e Challenge Ferrari ebbe luogo il 22 maggio del 1993 a Monte Carlo, un'ora prima del Gran Premio di Formula 1. Il telaio derivato dalla 75 IMSA assicurò costantemente prestazioni, piacere di guida e divertimento ai Gentlemen Driver Alfa - Zagato, che accesero i cuori del pubblico negli autodromi più importanti d'Europa.

As is now known, cars which are bodied by Zagato express the result of a myriad of lessons learned from races and racetracks all over the world. The Scuderia Zagato, in fact, boasts racing victories across the globe, having bodied cars for the most renowned teams, and for the most legendary drivers. The single-brand Alfa Romeo S.Z. Championship had its debut in 1993 thanks to the SZ's amazing technical and dynamic abilities. The gap between the ordinary road car and the race version was very minimal indeed thanks to the already extraordinary characteristics of this Zagato-branded coupé. In fact, with just a few minor modifications, the regular road-car was quickly ready for racing. The pinnacle of the 8 races driven by the Alfa Romeo S.Z., in the Supercar GT and Challenge Ferrari Championships, occurred on the 22nd of May 1993 in Monte Carlo, just about an hour before the Formula 1 Grand Prix. Thanks to the car's chassis derived from the 75 IMSA, the SZ delivered constant performance and driving pleasure to the gentlemen drivers of the Alfa Zagato team, which won over the hearts and minds of fans across the most important racetracks in Europe.

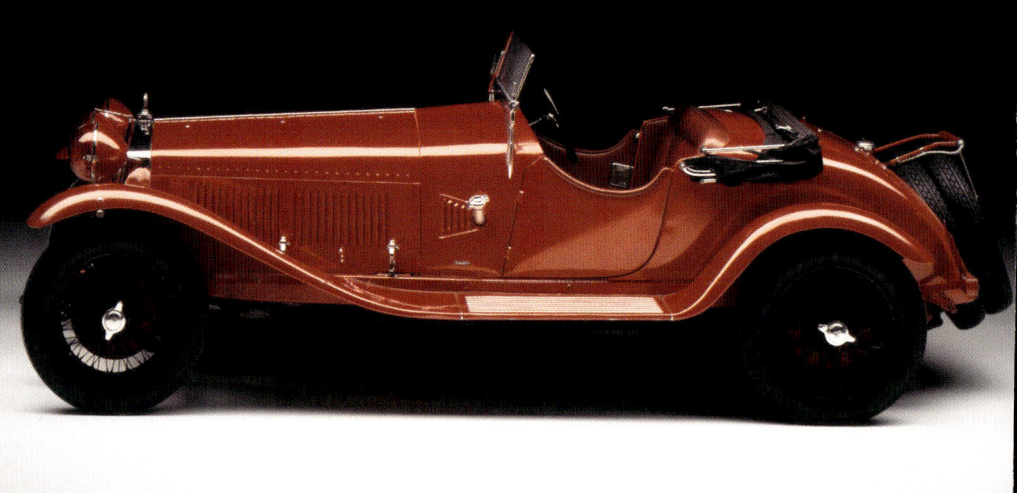

Alfa Romeo 6C 1500 SS Zagato - 1926

Architettura carrozzeria: spider, 2 posti
Motore: 6 cilindri in linea, 1.487 cc, 84 CV a 5.000 giri/minuto
Prezzo all'epoca: 30 €
Valutazione attuale: 1.500.000 €
Esemplari prodotti: n.d.

Alfa Romeo 6C GS 1750 Zagato - 1929

Architettura carrozzeria: spider, 2 posti
Motore: 6 cilindri in linea, 1.752 cc, 102 CV a 5.000 giri/minuto
Prezzo all'epoca: circa 35 €
Valutazione attuale: 2.000.000 €
Esemplari prodotti: n.d.

Fiat 500 Panoramica - 1948

Architettura carrozzeria: panoramica
Motore: 4 cilindri in linea, 569 cc, 13 CV a 4.000 giri/minuto

Lancia Ardea Panoramica - 1948

Architettura carrozzeria: panoramica
Motore: 4 cilindri a V 19°, 903 cc, 28,8 CV a 4.600 giri/minuto

Collectibles

Lancia Lambda Sport Zagato - 1927
Architettura carrozzeria: spider, 2 posti
Motore: 4 cilindri a V di 13°, 2.800 cc, 80 CV a 4.000 giri/minuto
Prezzo all'epoca: 30 €
Valutazione attuale: 1.500.000 €
Esemplari prodotti: 1

Alfa Romeo 8C GS 2300 Zagato - 1932
Architettura carrozzeria: spider, 2 posti
Motore: 8 cilindri in linea, 2.309 cc, 142 CV a 5.500 giri/minuto
Prezzo all'epoca: circa 45 €
Valutazione attuale: 2.500.000 €
Esemplari prodotti: n.d.

Maserati 1500 Panoramica - 1948
Architettura carrozzeria: panoramica
Motore: 6 cilindri in linea, 1.488 cc, 65 CV a 4.700 giri/minuto
Prezzo all'epoca: 2.500 €
Valutazione attuale: 1.000.000 €
Esemplari prodotti: 1

Alfa Romeo Panoramica - 1948
Architettura carrozzeria: panoramica
Motore: 6 cilindri in linea, 2.442 cc, 90 CV a 4.600 giri/minuto
Prezzo all'epoca: 2.200 €
Valutazione attuale: 1.000.000 €
Esemplari prodotti: 1

Fiat 8V Zagato - 1952
Architettura carrozzeria: coupé 2 posti
Motore: 8 cilindri a V 70°, 1.996 cc, 105 CV a 6.000 giri/minuto
Prezzo all'epoca: 1.900 €
Valutazione attuale: 450.000 €
Esemplari prodotti: circa 30

Alfa Romeo 1900 SS Zagato - 1954
Architettura carrozzeria: coupé, 2 posti
Motore: 4 cilindri in linea, 1.975 cc, 115 CV a 5.500 giri/minuto
Prezzo all'epoca: 2.000 €
Valutazione attuale: 450.000 €
Esemplari prodotti: circa 40

Maserati 450S Zagato - 1957
Architettura carrozzeria: coupé, 2 posti
Motore: 8 Cilindri a V 90°, 4.477 cc, 400 CV a 7.200 giri/minuto
Prezzo all'epoca: 3.100 €
Valutazione attuale: 6.000.000 €
Esemplari prodotti: 1

Ferrari 250 GT Zagato - 1956
Architettura carrozzeria: coupé, 2 posti
Motore: 12 cilindri a V di 60°, 2.953 cc, 250 CV a 7.000 giri/minuto
Prezzo all'epoca: 2.500 €
Valutazione attuale: 5.000.000 €
Esemplari prodotti: 5

Maserati A6G Zagato - 1954
Architettura carrozzeria: coupé, 2 posti
Motore: 6 cilindri in linea, 1.985 cc, 160 CV a 6.000 giri/minuto
Prezzo all'epoca: 2.300 €
Valutazione attuale: 500.000 €
Esemplari prodotti: 21

Lancia Aurelia B20 Sport - 1955
Architettura carrozzeria: coupé, 2 posti
Motore: 6 cilindri a V di 60°, 2.451 cc, 120 CV a 6.500 giri/minuto
Prezzo all'epoca: 2.200 €
Valutazione attuale: 750.000 €
Esemplari prodotti: 3

Jaguar XK150 Zagato - 1955
Architettura carrozzeria: coupé 2 posti
Motore: 6 cilindri in linea, 3.342 cc, 200 CV a 5.500 giri/minuto
Prezzo all'epoca: n.d.
Valutazione attuale: n.d.
Esemplari prodotti: 1

Aston Martin DB4 GT Zagato - 1960
Architettura carrozzeria: coupé, 2 posti
Motore: 6 cilindri in linea, 3.670 cc, 314 CV a 6.000 giri/minuto
Prezzo all'epoca: 5.060 €
Valutazione attuale: 5.000.000 €
Esemplari prodotti: 19

Lancia Appia GTE Zagato - 1959
Architettura carrozzeria: coupé, 2 posti
Motore: 4 cilindri a V di 60°, 1.089 cc, 53 CV a 5.200 giri/minuto
Prezzo all'epoca: 1.200 €
Valutazione attuale: 50.000 €
Esemplari prodotti: circa 100 (versione plexiglas)

Lancia Flaminia Sport Zagato - 1959
Architettura carrozzeria: coupé, 4 posti
Motore: 6 cilindri a V di 60°, 2.458 cc, 119 CV a 5.100 giri/minuto
Prezzo all'epoca: 1.600 €
Valutazione attuale: 150.000 €
Esemplari prodotti: 205

Alfa Romeo TZ2 - 1965
Architettura carrozzeria: coupé, 2 posti su telaio tubolare
Motore: 4 cilindri in linea, 1.570 cc, 170 CV a 7.500 giri/minuto
Prezzo all'epoca: 2.500 €
Valutazione attuale: 1.000.000 €
Esemplari prodotti: 12

Lancia Flaminia Super Sport Zagato - 1964
Architettura carrozzeria: coupé, 4 posti
Motore: 6 cilindri a V di 60°, 2.775 cc, 152 CV a 5.600 giri/minuto
Prezzo all'epoca: 2.250 €
Valutazione attuale: 150.000 €
Esemplari prodotti: 187

O.S.C.A. 1600 GT Zagato - 1960
Architettura carrozzeria: coupé, 2 posti
Motore: 4 cilindri in linea, 1.568 cc, 105 CV a 6.000 giri/minuto
Prezzo all'epoca: 1.600 €
Valutazione attuale: 190.000 €
Esemplari prodotti: 98

Alfa Romeo TZ - 1963
Architettura carrozzeria: coupé, 2 posti su telaio tubolare
Motore: 4 cilindri in linea, 1.570 cc, 112 CV a 6.500 giri/minuto
Prezzo all'epoca: 1.600 €
Valutazione attuale: 400.000 €
Esemplari prodotti: 112

Lamborghini 3500 GT Zagato - 1965
Architettura carrozzeria: coupé 2 posti
Motore: 12 cilindri a V, 3.939 cc, 320 CV a 6.500 giri/minuto
Prezzo all'epoca: 3.000 €
Valutazione attuale: n.d.
Esemplari prodotti: 2

Alfa Romeo 2600 Zagato - 1965
Architettura carrozzeria: coupé, 4 posti
Motore: 6 cilindri in linea, 2.584 cc, 145 CV a 5.900 giri/minuto
Prezzo all'epoca: 2.000 €
Valutazione attuale: 60.000 €
Esemplari prodotti: 105

Lancia Fulvia Sport 1200 - 1965
Architettura carrozzeria: coupé, 2+2 posti
Motore: 4 cilindri a V di 45°, 1.216 cc, 79 CV a 6.000 giri/minuto
Prezzo all'epoca: 900 €
Valutazione attuale: 30.000 €
Esemplari prodotti: 202

Alfa Romeo Junior Zagato 1600 - 1972
Architettura carrozzeria: coupé, 2 posti
Motore: 4 cilindri in linea, 1.570 cc, 109 CV a 6.000 giri/minuto
Prezzo all'epoca: 1.300 €
Valutazione attuale: 35.000 €
Esemplari prodotti: 402

Ferrari F.Z. 93 - 1993
Architettura carrozzeria: coupé, 2 posti
Motore: 12 cilindri a V di 180°, 4.942 cc, 380 CV a 7.000 giri/minuto
Prezzo all'epoca: 500.000 €
Valutazione attuale: 1.000.000 €
Esemplari prodotti: 1

Lamborghini Raptor - 1996
Architettura carrozzeria: coupé, 2 posti
Motore: 12 cilindri a V di 60°, 5.707 cc, 510 CV a 7.100 giri/minuto
Prezzo all'epoca: 500.000 €
Valutazione attuale: 1.000.000 €
Esemplari prodotti: 1

Alfa Romeo S.Z. - 1989
Architettura carrozzeria: coupé, 2 posti
Motore: 6 cilindri a V di 60°, 2.959 cc, 210 CV a 6.200 giri/minuto
Prezzo all'epoca: 26.000 €
Valutazione attuale: 45.000 €
Esemplari prodotti: 1035

Lancia Hyena - 1993
Architettura carrozzeria: coupé, 2 posti
Motore: 4 cilindri in linea, 1.995 cc, 205 CV a 5.700 giri/minuto
Prezzo all'epoca: 60.000 €
Valutazione attuale: 120.000 €
Esemplari prodotti: 24

Aston martin DB7 Zagato - 2002
Architettura carrozzeria: coupé, 4 posti
Motore: 12 cilindri a V 60°, 5.935 cc, 440 CV a 6.000 giri/minuto
Prezzo all'epoca: 275.000 €
Valutazione attuale: 300.000 €
Esemplari prodotti: 99

Ferrari 575 GT Zagato - 2006
Architettura carrozzeria: coupé, 2 posti
Motore: 12 cilindri a V 65°, 5.748 cc, 515 CV a 7.250 giri/minuto
Prezzo all'epoca: 800.000 €
Valutazione attuale: 1.500.000 €
Esemplari prodotti: 6

Aston Martin db4 gt Zagato Sanction 1987
Architettura carrozzeria: coupé, 2 posti
Motore: 6 cilindri in linea, 4.212 cc, 352 CV a 6000 giri/minuto
Prezzo all'epoca: 800.000 € (1987)
Valutazione attuale: n.d.
Esemplari prodotti: 4 (Sanction II)

Lancia Aprilia Sport - 1938
Architettura carrozzeria: barchetta, 2 posti
Motore: 4 cilindri a V di 50°, 1.351 cc, CV 47,8 a 4.300 giri/minuto
Prezzo all'epoca: 150.000 € (2006)
Valutazione attuale: 250.000 €
Esemplari prodotti: 2 (Sanction II)

Bugatti Type 43 Zagato - 1927
Architettura carrozzeria: spider, 2 posti
Motore: 8 cilindri in linea, 2.262 cc, 122 CV a 5.000 giri/minuto
Prezzo all'epoca: n.d.
Valutazione attuale: n.d.
Esemplari prodotti: 1

SANCTION II

Ferrari 166 Panoramica Zagato - 1949
Architettura carrozzeria: panoramica
Motore: 12 cilindri a V 60°, 1.995 cc, 140 CV a 6.600 giri/minuto
Prezzo all'epoca: n.d.
Valutazione attuale: n.d.
Esemplari prodotti: 1 (Sanction II)

Porsche 356 Zagato - 1957
Architettura carrozzeria: barchetta, 2 posti
Motore: 4 cilindri boxer, 1.498 cc, 110 CV a 6.400 giri/minuto
Prezzo all'epoca: n.d.
Valutazione attuale: n.d.
Esemplari prodotti: 1 (Sanction II)

Rolls Royce Zagato - 1928
Architettura carrozzeria: cabriolet, 4 posti
Motore: 6 cilindri in linea, 7.668 cc, 108 CV a 2.300 giri/minuto
Prezzo all'epoca: n.d.
Valutazione attuale: n.d.
Esemplari prodotti: 1 (Sanction II)

The valuations given herein have been derived thanks to the estimates and testimonials gathered at various events, auctions, and private discussions. They have no legal value and are purely indicative.

FORZA
THE MAGAZINE ABOUT FERRARI
FERRARI V8 MARKET REPORT

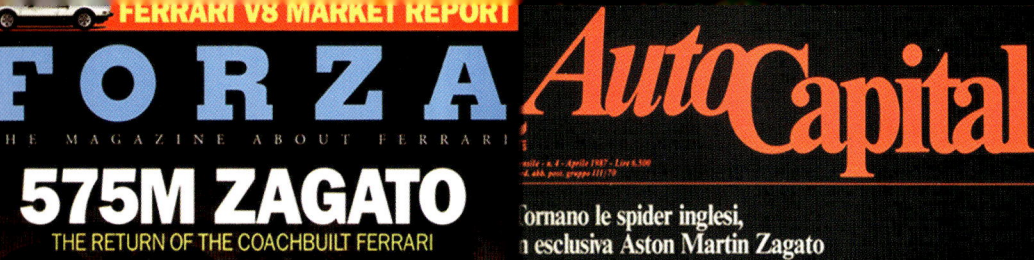

575M ZAGATO
THE RETURN OF THE COACHBUILT FERRARI

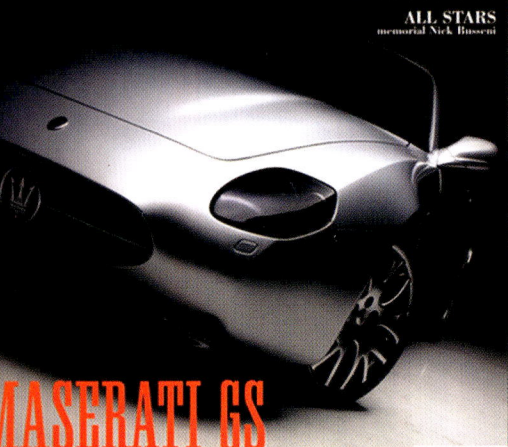

Auto Capital
Tornano le spider inglesi,
in esclusiva Aston Martin Zagato
Tvr 3500 V8

The Quail
A MOTORSPORTS GATHERING
August 18, 2006 · Quail Lodge · Carmel, CA

Bonhams & BUTTERFIELDS
An Important Sale of Collectors' Motor Cars and Automobilia, featuring Fine Jewelry and Timepieces
Friday August 19, 2005
Quail Lodge Resort and Golf Club
Carmel, California

RUOTECLASSICHE
N° 212 AGOSTO 2006
Spyder Zagato LANCIA
Una scoperta davvero unica

- Il dopoguerra: Mancava tutto tranne le idee. Ecco i modelli che permisero alla nostra industria dell'auto di risorgere
- Porsche 356: Scovati due dei 52 esemplari che Ferdinand costruì a Gmünd, in Austria, tra il '48 e il '50
- Bugatti Aérolithe: a tutto antepose la bellezza. L'unica costruita prefigurava la celebre Atlantic

---

SUPER CG 48
- Ferrari 575GT Zagato
- 1956 Maserati A6G/54 "2155"
- FIAT 642/RN "Maserati Transporter"
- 1933 Alfa Romeo 6C 1750 GS
- SAAB Story
- 1922年サンビームでマン島を走る

---

topmarques
A selection of the UK's most desirable cars
don't dream it, drive it...
13 October 2008

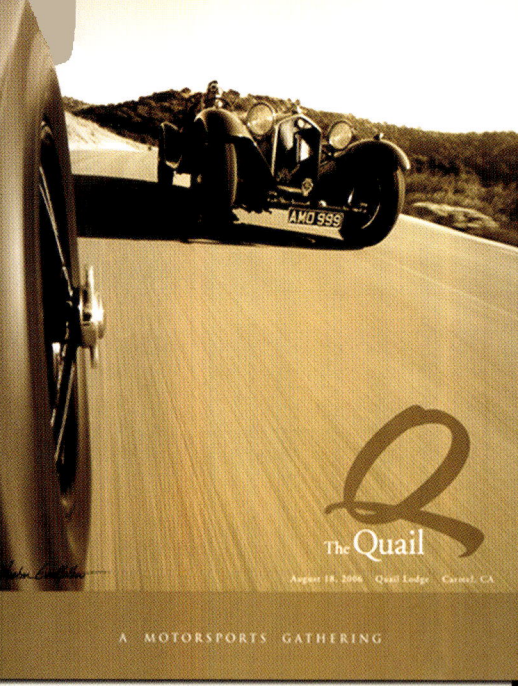

SUPERCAR HEAVEN!
Find your dream machine here

FOR SALE: 1000s of the world's best cars INSIDE

APPROVED USED · Lotus · Bentley · Porsche

カロッツェリア最新事情。
Italian Carrozzeria Now

AUTO CAPITAL
N° 6 Giugno 2007
A BORDO DELLA ROLLS ROYCE PHANTOM EXTENDED WHEEL BASE
PROVE: AUDI S3 / MINI COOPER / BMW X5 4.8i
SPECIALE HISTORIQUE
FASCIA D'ORO
CONCORSO D'ELEGANZA DI VILLA D'ESTE
ALL STARS memorial Nick Buseni

MASERATI GS ZAGATO

АВТО ПАНОРАМА
Новая Corsa – качественно и стильно
18 суперминй "Оушена"
Гид покупателя
Автомобили, сервис, запчасти
Номер 131 Октябрь 2006

Совершенный каприз
Ferrari 575 GTZ

RoadBook MAGAZINE
Fiat 8V Coupé Zagato
Edition Belge
Centro Stile Alfa Romeo Wolfgang Egger · Lancia Stratos · Spyker C8
Histoire d'Hommes: Niki Lauda · Girard-Perregaux · Bernard Marreyt: des histoires à quatre roues
Sélection des derniers ventes d'automobiles classiques

RUOTECLASSICHE
N° 133 SETTEMBRE 2001

REGINE DEL PASSATO
MASERATI A6 G54
Motore 2 litri, 210 orari, 150 cavalli

TEST A TEST
Lancia "Appia"
Zagato: abbiamo riunito tutta la famiglia

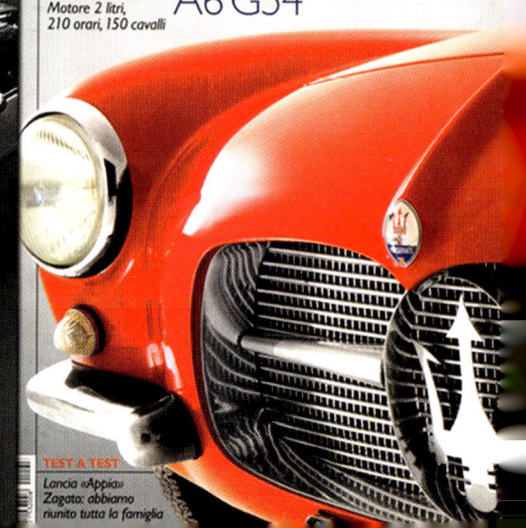

Automobilismo Epoca
Guida acquisto: FIAT 850 SPIDER
La scoperta degli anni 60
Storia, tecnica, numeri e carriera
Alfa Romeo Giulietta SZ
L'arma vincente del gentleman driver
TECNICA TUTTO SUI FRENI A TAMBURO
LE MANS CLASSIC 24 ORE IN PRESA DIRETTA
ABARTH 10 SCORPIONI DA NON PERDERE
CUBA'S VINTAGE CADILLACS: DRIVING THE AMERICAN DREAM
Robb Report
FOR THE LUXURY LIFESTYLE
TIMELESS STYLE
Classic Cars & Classic Clothing
Country Elegance Rediscovered
The New Ultralight Tweeds and Multitasking Field Coats
ZAGATO: The Italian Bodybuilder that Shaped Automotive Design
AutoCapital
In regalo
MASERATI
Test esclusivo, le nuove spider e biturbo S
Confronto, sette berline da più di 220 km/ora
Audi 200 turbo, Bmw 535i, Thema 2.0 turbo, Mercedes 300, Renault 25 turbo, Rover Vitesse 3.5, Saab 9000 turbo
Le sfide impossibili, tutti i record da casello a casello
Arriva la nuova Golf Gti 16 valvole, è ancora la prima della classe?
car styling 173
2006.7
Robb Report
FOR THE LUXURY LIFESTYLE
The New American Roadster
MARTIN'S DB AR1 BY ZAGATO
Automobilismo Epoca
ALFA 1900 SSZ
Quando il Biscione vestiva Zagato
MADE IN USA
FORD Fairlane 1958
ANNI 70
Renault 5 Turbo
160 Cv per il Mondiale Rally
AUTO CAPITAL
le NOVITÀ del SALONE DI GINEVRA
PROVE
Mercedes Classe E 420 CDI EVO
Maserati Quattroporte Automatica
Audi TT Coupé 3.2 quattro
SPYKER C12
ZAGATO
concorso ITALIANO
August 19, 2005
Concorso Italiano ~ A Celebration of Italian Style
GIRARD-PERREGAUX
Lamborghini
PIRELLI
AUTOMOBIL REVUE
Novum: Zagato-Bentley
In der Strafe: ab nach Hause!
Blackhawk EXPOSITION
PRESENTED BY THE IMPERIAL PALACE
EXPOSITION SALE OF CLASSIC CARS
PEBBLE BEACH, CALIFORNIA
AUGUST 17 - 21 2005
PEBBLE BEACH
AN OFFICIAL EVENT
car magazine
140
ALFA ROMEO GIULIA TZ2
FERRARI 250GTO/315S/375MM
TopGear
BENTLEY GTZ
BELLA E IMPOSSIBILE
E CE NE SONO SOLO NOVE
800 MILA EURO x 610 CV
CARDIODRIVE
Mercedes SL AMG
Dodge Challenger SRT8
Aston Martin Vantage RS
Bristol Fighter • Viking tank
Porsche GT3
SFIDA
IS-F vs M3 vs C63 vs RS4
ESCLUSIVO
Test di sviluppo della Gallardo

ZAGATO

Gianfranco Fagiuoli · Guido Gerosa

MEZZO SECOLO DI STORIA DI UN FAMOSO CARROZZIERE: DAI LEGGENDARI BOLIDI DI VARZI E NUVOLARI ALLE FAVOLOSE MACCHINE DI OGGI

AUTOMOBILE CLUB D'ITALIA — L'EDITRICE DELL'AUTOMOBILE

ASTON MARTIN ZAGATO

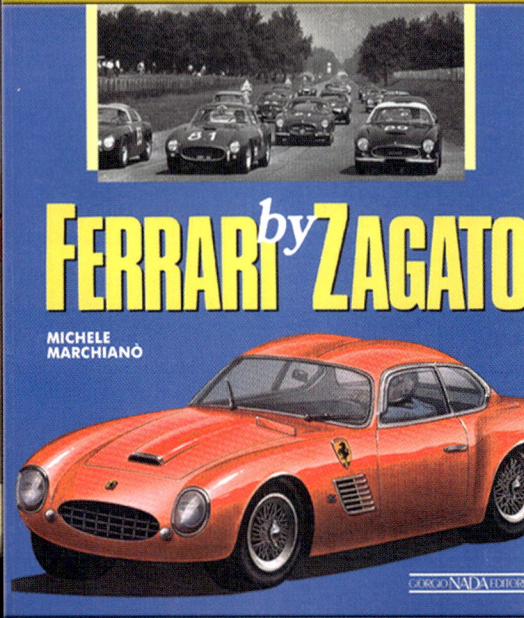

zagato milano

CAR WARS 1

Alfa Romeo Giulietta SS vs Giulietta SZ

Automobilia

ZAGATO

Michele Marchianò

SETTANT'ANNI VISSUTI DI CORSA
SEVENTY YEARS IN THE FAST LANE

Giorgio NADA Editore

---

zagato

automobilia

FERRARI by ZAGATO

MICHELE MARCHIANÒ

Giorgio NADA Editore

ZAGATO CARS

UNIQUE Motor Books

ZAGATO
Fulvia Sport Competizione

Carlo Stella · Bruno Vettore

Giorgio NADA Editore

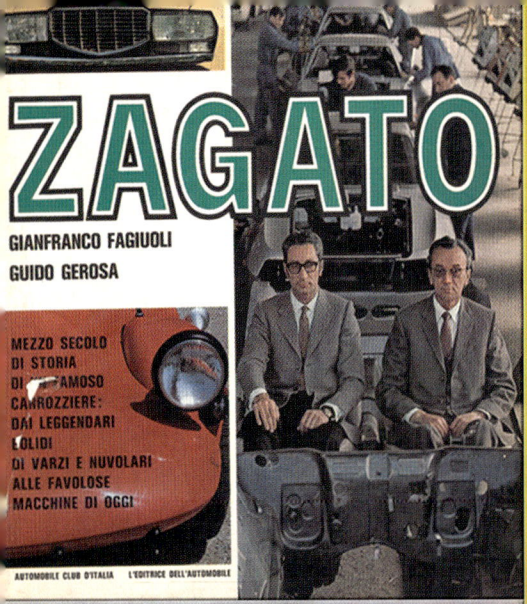

LE ZAGATO

FULVIA SPORT · JUNIOR Z

LE ZAGATO

Michele Marchianò

FIAT 8VZ · ALFA 1900 SSZ

Zagato - Autodelta - Conrero

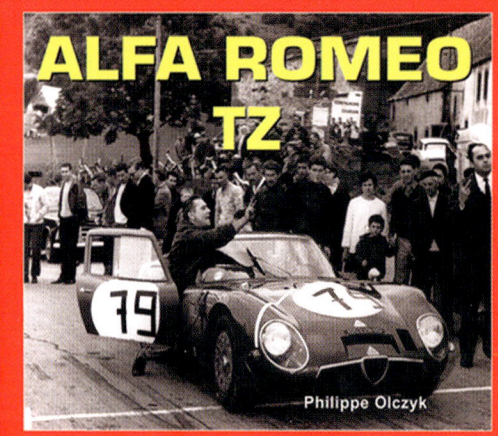

ALFA ROMEO TZ

Philippe Olczyk

The Cars, The Race Results
Includes a Chassis-by-Chassis History of all the Cars

ALFA ROMEO S.Z.

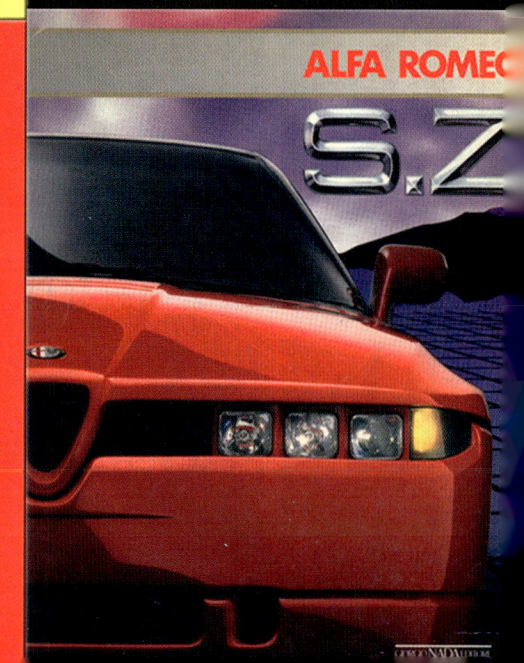

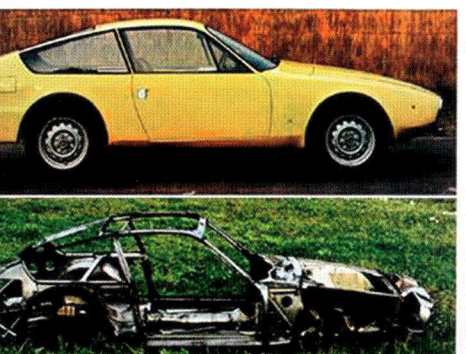

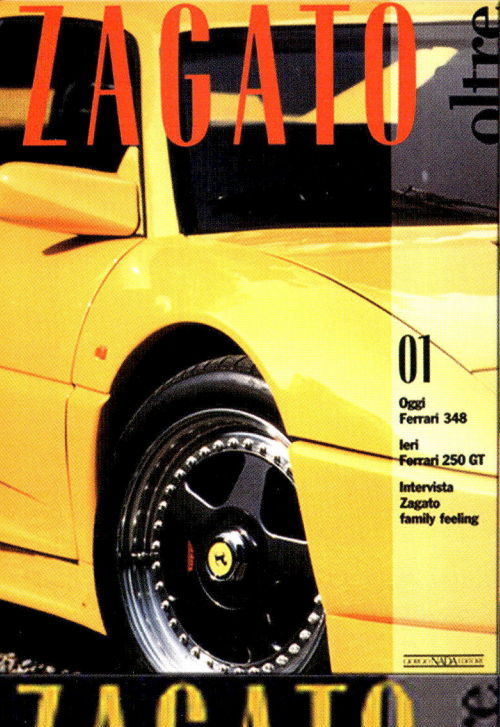

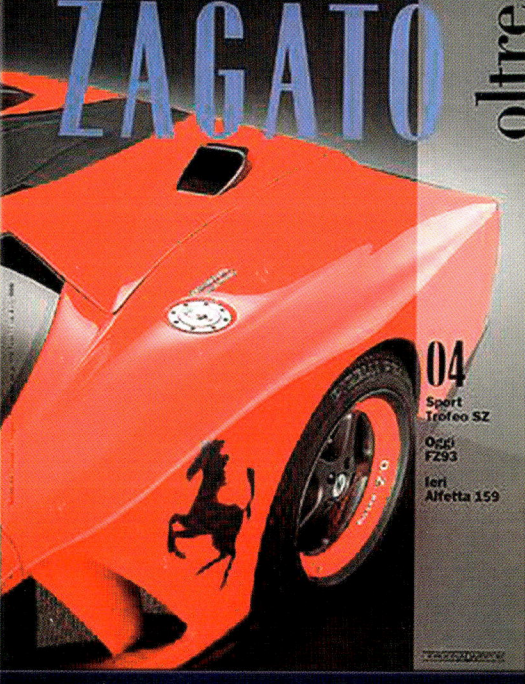

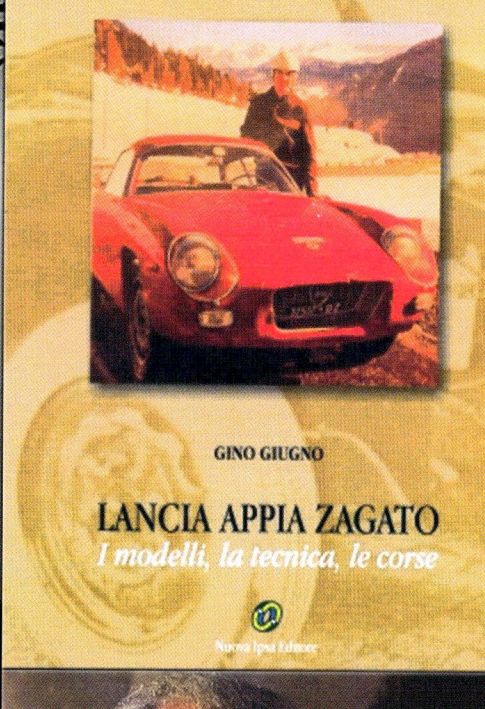

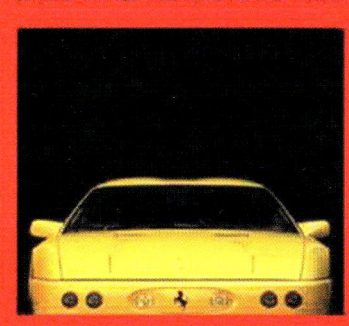

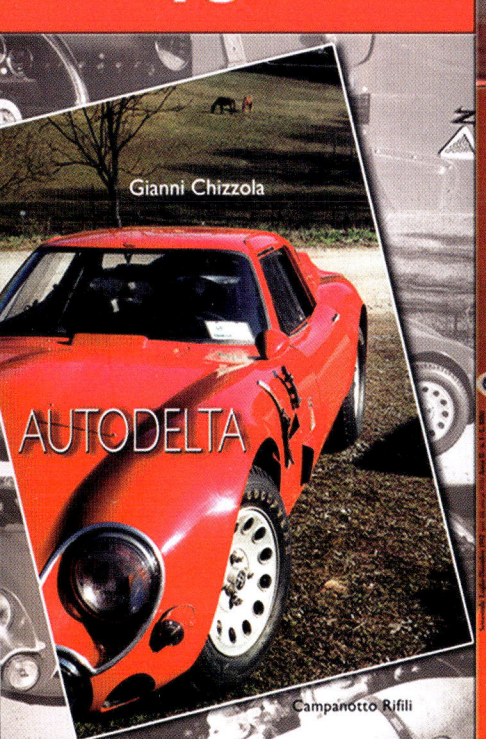

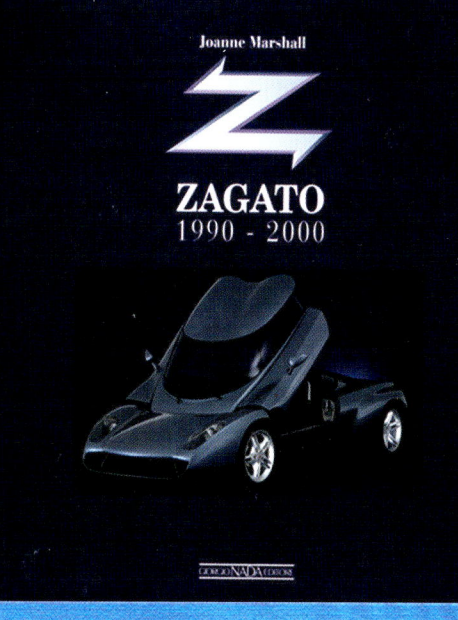

WWW.ZAGATO.COM